Que le meilleur perde

suite

éloge de la défaite en politique

DU MÊME AUTEUR

Les Existentialistes et la politique, essai, Gallimard, 1966.
La Philosophie, ouvrage collectif, CAL, 1969, nouvelle édition Marabout université, 1972.
La Chute du Général, récit, Lattès, 1969.
C'est demain la veille, entretiens, ouvrage collectif, Le Seuil, 1973.
Rire et *Rire 2*, parodies, ouvrages collectifs, Le Sagittaire, 1976.
Actuel par Actuel, récit, ouvrage collectif, Stock, 1977.
Histoire du socialisme, Janinck, 1977, nouvelle édition 1981.
Le Testament de Sartre, essai, Orban, 1982.
Fred vivant, récit, éd. Actuel, 1992.
A ma fille, récit, Laffont, 1993.

Avec Frédéric BON

Les Nouveaux Intellectuels, essai, Cujas 1966, nouvelle édition Le Seuil, 1971.
Si Mai avait gagné, politique fiction, dessins de Wolinski, J.-J. Pauvert, 1968.
Classe ouvrière et révolution, essai, Le Seuil, 1971.
Qu'elle ose paraître ce qu'elle est, essai, in *Les Présupposés du socialisme* d'Edouard Bernstein, Le Seuil, 1974, nouvelle édition in *Les discours de la politique*, Economica, 1991.
Politiques Follies, facétie (avec Léon Mercadet), éd. Actuel, 1977.
Que le meilleur perde, essai, Balland, 1986.

Avec Bernard KOUCHNER

La France sauvage, récit, Lattès, 1970.
Les Voraces, tragédie en cinq actes et en vers (avec Frédéric Bon), Balland, 1974, nouvelle édition 1988.

Avec Patrick RAMBAUD

Les Aventures communautaires de Wao-le-Laid, facétie, dessins de Gotlib, Belfond, 1974.
Les Complots de la liberté, roman historique (prix Alexandre Dumas), Grasset, 1975.
1848, roman historique (prix Lamartine), Grasset, 1977.
Parodies, Balland, 1977, nouvelle édition sous le titre *La Farce des choses*, 1982.
Le Roland-Barthes sans peine, parodie, Balland, 1978.
Le Journalisme sans peine, facétie, 1997.

Avec Léon MERCADET

Faisons un rêve, facétie, Balland, 1987.
Comment devenir président de la République en 90 minutes, roman interactif (avec Jean-Paul Gourévitch), Plon, 1992.

Avec Cécile ROMANE

Le Secret de l'abbé Pierre, essai, Mille et une nuits, 1996.

MICHEL-ANTOINE BURNIER
avec l'esprit de
FRÉDÉRIC BON

Que le meilleur perde

suite

éloge de la défaite en politique

PLON

ISBN : 2-259-18866-4

A Frédéric Bon, mon ami, mon cousin, mon co-auteur. En 1985, nous avions écrit ensemble un éloge de la défaite [1]. Frédéric Bon, grand politologue et bel humoriste, est hélas mort sans connaître toutes les applications de cette théorie. La vie politique française a considérablement enrichi notre propos. En voici, sur les traces de Fred, une nouvelle version.

M.-A. B.

1. *Que le meilleur perde*, éditions Balland.

Sommaire

PRÉAMBULE

Les citoyens, les journalistes, les observateurs internationaux n'ont pas compris : pourquoi M. Chirac, président élu nanti d'une forte majorité, a-t-il dissous l'Assemblée nationale et livré le pouvoir à M. Jospin ? Pourquoi la gauche, qui pouvait gagner de nombreux sièges en modifiant avant 1998 le mode de scrutin régional, y a-t-elle renoncé ? Pourquoi des fractions de la droite ont-elles fricoté avec le Front national, tombant ainsi dans la division, le déshonneur et la déconfiture ? Nulle explication, ni au bistrot ni dans la presse, encore moins dans les livres savants.

C'est que nous sommes victimes d'une étrange illusion. Considérant la dissolution, le désordre de l'UDF et du RPR comme l'agitation qui s'empare de la classe politique à la veille et au lendemain de chaque scrutin, nous en concluons rapidement que le projet majeur de nos dirigeants est d'accéder au pouvoir, ou de s'y maintenir, et le propos cardinal des différents partis de l'emporter aux élections.

Une observation attentive de la réalité prouve qu'il s'agit exactement de l'inverse.

L'objectif profond des hommes politiques, ce n'est pas de gagner une majorité à la Chambre, de s'imposer au gouvernement ou dans les régions, de s'installer à l'Elysée ; l'objectif profond des hommes politiques, ce n'est pas la victoire, c'est la défaite.

Considérez un instant les désagréments formidables que procure le pouvoir. Contraint de mettre vos idées en pratique, vous voici confronté à la résistance des hommes et des choses. Si vous les appliquez, vos théories risquent de démontrer leur inadéquation et leur stupidité ; si vous les abandonnez devant l'épreuve des faits, vous étalez votre inconstance et votre opportunisme. Vous-même, vous vous exposez en permanence à manifester votre incurie : vous vous êtes forcément vanté de connaissances qui vous échappent, et vous aurez à trancher sur des sujets dont vous ignorez tout. Plus un instant de repos : il vous faut à la fois surveiller la monnaie, contenir le chômage, boucher le trou de la Sécurité sociale, vous faire gronder par la Bundesbank et le sévère chancelier Kohl, lutter contre les prétentions de M. Clinton, rentrer dans l'OTAN, sortir de l'OTAN, discuter des droits de l'homme à Pékin tout en investissant à Canton, financer les Russes, supporter les Turcs, écouter les Grecs, signer des accords avec les Arabes sans vous fâcher avec Israël, différer les augmentations de salaire, résister aux syndicats, séduire un patronat têtu, refuser de l'argent à vos amis de l'Education nationale, ou le contraire...

Impossible de traiter les problèmes un par un : une colère de pêcheurs vous dérange en pleine réunion sur la Santé publique, un attentat à Bastia gâche vos entretiens avec les Finlandais, une révolte de chômeurs trouble votre débat sur l'immigration, un massacre au Congo compromet votre week-end, une déclaration de centristes vous déstabilise devant le RPR. On vous tient pour responsable de tout : une vieille dame agressée à la Cité des Pâquerettes (Essonne), l'incorrection d'un flic, l'assassinat d'un jeune homme en banlieue, la surproduction de tomates en Espagne, la sécheresse, la neige, le gel, les inondations vous valent des insultes et de la haine comme si vous aviez vous-même programmé tout cela. Vous devez vous surveiller constamment : plus question de courir le guilledou, la moindre infidélité devient sujet de scandale. Un mal à l'estomac se transforme en secret d'Etat. Impossible de boursicoter, interdit de faire financer votre parti politique, difficile d'avoir de la famille dans les affaires ou dans le cinéma, défendu de garder pour vous les cadeaux qu'on vous donne.

Regardez M. Chirac. C'était un fringant homme lorsqu'il est entré à l'Elysée, il ne faisait certes pas son âge. En deux ans, il a pris plus d'un septennat, figé, coincé, pénible. Prenez M. Mitterrand, si mal à l'aise en 1981, ne l'avez-vous pas vu soulagé lors des cohabitations de 1986 et 1993 ? Et M. Barre, jadis si impopulaire au gouvernement, qui aujourd'hui se dandine encore dans les sondages. Et M. Juppé lui-même au lendemain de son renoncement : il murmurait son bonheur dans les couloirs d'une radio. M. Séguin, malheureux dans la majorité, jouit désormais de sa gloire comme chef de l'opposition.

Mme Voynet au contraire, infaillible dans son écologie, est aujourd'hui moquée par ses anciens amis dès que la pollution empeste la capitale.

Tout cela paraît naturel. Prenez la situation de l'opposant : il n'a rien à gérer, rien à faire. S'il veut paresser, voyager, nul ne le dérangera. Une seule obligation : discourir, et cette fois sans se soucier des conséquences, dénoncer à tort et à travers la malfaisance du pouvoir en flattant sa propre vertu.

Croyez-vous que les hommes politiques jouent si manifestement contre leur propre intérêt et qu'ils cherchent pour de bon à prendre ou à garder le pouvoir ? Ne font-ils pas tout pour le perdre, ou pour ne pas le conquérir : chacun de leurs actes vise à les écarter du gouvernement, ils tendent à l'opposition de toutes les fibres de leur être.

Mais, direz-vous, si tel est le cas, comment ne s'en est-on pas aperçu plus tôt ? Et pourquoi l'ensemble des journalistes, historiens et essayistes prétendent-ils le contraire ? Simple : parce que les hommes politiques cachent avec soin leur goût irrépressible pour la défaite et qu'ils ont abusé jusqu'à présent l'ensemble des observateurs. La seule fuite connue reste cette phrase qui date d'un bon siècle et qui échappa à un républicain aussi naïf qu'imprudent : « Que la République était belle sous l'Empire ! » Par bonheur, il n'y en eut pas d'autre.

Un homme politique qui confesserait en public son aversion pour le pouvoir apparaîtrait si désintéressé que les électeurs le porteraient aussitôt à la tête de l'Etat.

Et puis l'expérience prouve qu'il est difficile de perdre. M. Giscard d'Estaing, malgré d'éclatantes dispositions, a mis sept ans avant de dégringoler. M. Mitterrand, qui semblait bien parti pour incarner l'opposition jusqu'à sa retraite, s'est retrouvé président de la République en 1981 et en 1988, démentant tous les pronostics raisonnables.

Certes, M. Rocard a mis beaucoup de soin à éviter une campagne présidentielle où il aurait été vainqueur, et il y a réussi. Certes M. Balladur est parvenu à tuer sa propre popularité et a échappé à l'Elysée en 1995. Mais M. Chirac – que l'on donnait perdu et qui avait mis beaucoup d'habileté à l'être – a fini par trébucher devant l'indélicatesse de MM. Balladur et Jospin, pour se retrouver à la présidence de la République. Il est vrai qu'avec la dissolution il s'est rattrapé depuis. Dans le passé, on a même vu des hommes aussi préparés à la défaite que Pierre Mendès France se retrouver par surprise chef du gouvernement. C'est dire que ni la démagogie, ni la lucidité, ni la bonhomie, ni les fanfaronnades, ni la tristesse affichée ne vous protègent à coup sûr.

Dans l'opposition, il faut savoir doser l'invraisemblance de ses discours. Si vos propositions contiennent trop de bêtises, personne ne croira que vous soyez vraiment prêt à les appliquer et vous perdrez le bénéfice de votre mauvais programme. Cela se produisit en 1995 avec les promesses de M. Chirac et les proclamations de M. Juppé, qui prétendaient réformer notre pays. Les électeurs, qui détestent les réformes, ne les ont pas crus et ont voté pour eux. De la même façon, nul n'a pris au sérieux les déclarations socialistes de M. Jospin et de ses amis, et ces menaces ne les ont pas privés de la victoire.

L'amour de la défaite, ses éclatants privilèges, l'horreur du pouvoir, tel est le lourd secret du monde politique.

Mille exemples historiques confirment le bien-fondé de cette thèse. Quels sont les héros favoris des Français ? Vercingétorix, Jeanne d'Arc, Henri IV, Robespierre,

Napoléon, Gambetta, Clemenceau, Mendès France..., personnages écartés du pouvoir ou dont l'aventure se termine mal. C'est la différence entre Fidel Castro et « Che » Guevara. Le premier a conservé sa puissance : lui qui fut adulé, le voici désormais ridicule et vilipendé. Le « Che », qui perdit sa vie et sa stratégie en Bolivie, reste une grande figure pour les publicitaires et la jeunesse du monde.

Le général de Gaulle lui-même, qu'on croyait condamné à la présidence à vie, a su tomber en 1969 sur un référendum incompréhensible, astucieusement mal préparé et choquant pour ses propres partisans.

Songez en revanche à ces hommes accrochés au pouvoir, à ces agonies interminables dans les palais de l'Etat, Louis XIV, Louis XV, et – à l'étranger – Tito ou Franco. Enterrements ratés, mauvaise réputation jusqu'à nos jours. François Mitterrand, qui a passé plus de temps dans l'opposition qu'à l'Elysée, y a échappé de justesse. En montant la défaite législative de 1993, en laissant élire M. Chirac en 1995, il a connu les ultimes joies de la défaite peu avant sa mort.

Ce problème s'apparente à celui de la guerre et des revers militaires. Il y a quelques années, un remarquable petit livre de Shimon Tzabar, *Eloge de la défaite*[1], nous a démontré quels avantages les pays vaincus tiraient de leurs désastres, et quelles catastrophes affectaient les pays vainqueurs. L'argument ne souffre aucun doute : l'Allemagne et le Japon, écrasés à la fin de la Seconde Guerre mondiale, ont longtemps connu une situation infiniment plus

1. Publié chez Denoël en 1972, préface de Jean Ferniot, traduit de l'anglais par Olivier Orban.

florissante que celle de la Grande-Bretagne et de la France, qui figuraient pourtant au nombre des pays victorieux.

Il est en de même dans la vie politique, comme nous allons le démontrer dans les pages qui suivent.

INTRODUCTION

Comment M. Chirac a été piégé en 1995 et pourquoi il a dissous en 1997

Pauvre Jacques Chirac ! Il était né pour le pouvoir, l'agitation, le surmenage : un destin. Au début, il se méprend. A douze ans, il rêve d'être chef dans son école, et les profs le remettent à sa place. A dix-neuf ans, il prétend commander ses petits camarades, et ceux-ci ne l'écoutent pas. Officier en Algérie, il mène ses hommes au combat : le FLN gagne la guerre d'indépendance. En 1967 le voilà secrétaire d'Etat aux Affaires sociales : il nous fait 200 000 chômeurs de plus. On l'insulte, on le brocarde.

Toujours aveuglé, le jeune M. Chirac se dit : « Jacques, tu as *du* pouvoir, mais pas *le* pouvoir. Quand tu seras ministre... »

A l'été 1972, Georges Pompidou le nomme ministre de l'Agriculture : paysans fâchés, surproduction effarante, nitrates, pollutions, déficits, quolibets – rien ne va.

Quand on est ministre, on en impose, on vous appelle « Monsieur le ministre », on fait le fiérot mais on ne gouverne pas. On a le Premier ministre sur le dos, sa meute de conseillers et le ministre des Finances.

M. Chirac se dit : « Jacques, tu as *du* pouvoir mais tu

n'as pas *le* pouvoir (au refrain). Quand tu seras ministre de l'Intérieur... »

Une belle promotion voulue par le président Pompidou : en mars 1974 M. Chirac se retrouve ministre de l'Intérieur, ce qui le fait avancer de deux cases vers Matignon, à trois cases de l'Elysée. Pompidou meurt un mois plus tard, un drame. M. Chirac se dit : « Jacques, tu n'as pas eu le temps d'avoir *du* pouvoir. Quand tu seras Premier ministre... Mais de qui ? »

Par d'affreuses manœuvres, il s'impose comme Premier ministre de M. Giscard d'Estaing. L'enfer. A Matignon, rien à décider, pas un mot à dire, une seule activité : gérer les catastrophes, le franc qui dégringole, la grève des métallos, la révolte des prisons, les mineurs de Lorraine à licencier, les lycéens, les étudiants, bref prendre des coups pendant que le président part à la chasse, tranche, juge, méprise. Furieux, M. Chirac finit par démissionner.

Situation rêvée : M. Chirac est opposant dans sa propre majorité. Il a fondé un RPR tout neuf et conquis la mairie de Paris. Il se casse une jambe sur une route verglacée de Corrèze et, à peine sorti de l'anesthésie, lance un appel depuis l'hôpital Cochin : agressant le président Giscard et sa politique européenne, il évoque même « le parti de l'étranger, toujours à l'œuvre quand il s'agit de l'abaissement de la France ». C'est aussi à cette époque que M. Chirac réussit à affaiblir son mouvement aux élections européennes (16,25 %), les gaullistes passant pour la première fois derrière les centristes. M. Chirac n'a jamais été aussi heureux, il goûte les plaisirs de la défaite et cela se voit. La joie de dire non : *le vrai pouvoir*, le pouvoir de nuisance.

En 1981, il se présente contre M. Giscard d'Estaing qui en succombe, et fait élire M. Mitterrand. Ah ! le bel échec ! Malheureusement M. Chirac ne saura pas s'en contenter. Notre homme est imprudent : au lieu de se satisfaire d'une saine opposition, il gagne les élections législatives de 1986 et se laisse nommer Premier ministre de M. Mitterrand. Les cataclysmes ne tardent guère : attentats dans Paris, raids américains en Libye, énormes manifestations étudiantes, bavures policières, matraquages, MM. Pasqua et Pandraud, mort de Malik Oussékine, projet de loi sur l'éducation retiré et la monnaie qui fiche le camp.

M. Chirac vit sous l'œil de François Mitterrand. Vous imaginez l'œil de François Mitterrand ? Ça vous ruine le moral, ça vous coupe l'appétit. M. Chirac a une révélation : plus jamais le pouvoir ! Il perd habilement l'élection présidentielle de 1988.

Après l'écrasante victoire de la droite en 1993, M. Chirac, définitivement lucide, ne veut plus de Matignon, ne veut plus de l'Elysée. Il pousse sournoisement son vieil ami, un naïf, M. Balladur. Celui-ci, mal éclairé, se laisse faire. Et M. Chirac s'agite en tous sens pour convaincre M. Balladur de se présenter contre lui à l'élection présidentielle.

M. Balladur résiste un temps, puis s'abandonne.

Et c'est là que commence la tragédie.

M. Balladur a tout pour être élu, nul n'en doute, et les sondages chaque matin le poussent un peu plus haut. M. Chirac dégringole : parfait. Puis M. Balladur se reprend et dégringole à son tour. Quelle épreuve ! La guerre des victoricides.

Victoricide, tel est le mot savant pour désigner un homme qui assassine sa propre victoire.

M. Chirac, averti, a tout essayé pour ne pas être élu.

D'abord, il s'est présenté trop tôt à la présidentielle, certain de s'essouffler avant le scrutin. Il a mené le combat contre son « ami de trente ans », membre comme lui du RPR, ce qui demeure le meilleur moyen d'affoler l'électeur de droite. Il avait fait de M. Pasqua un ministre de l'Intérieur terrible et populaire : M. Pasqua – qui reste pourtant difficile à décourager – trahit enfin et file chez M. Balladur. La France entière comprend qu'en politique les convictions et les amitiés ne comptent pour rien. Les chiraquiens s'étaient efforcés depuis des années de chasser les masses plébéiennes de Paris ? M. Chirac propose de réquisitionner des immeubles en faveur des pauvres et terrorise ainsi tous les propriétaires. Il multiplie les promesses dangereuses, décourage l'opinion, se présente comme l'homme d'une secousse extrême. A la fin, devant le paisible M. Balladur, M. Chirac passe pour un grave révolutionnaire. *Les Guignols de l'Info* le caricaturent en « Chi », faux « Che » Guevara, – comme nous l'avons vu l'une des grandes victimes de l'Histoire. Il devient le perdant idéal.

Cette remarquable prestation n'a pas suffi. De machinations en intrigues, M. Balladur se révèle contre toute attente l'un des plus grands manœuvriers de la défaite : président de la République désigné à l'avance, il parvient à s'effacer à l'issue du premier tour[1]. M. Chirac se retrouve face à M. Jospin : victoire maudite, défaite ratée. Voilà M. Chirac élu.

1. Cet exploit fera l'objet d'un chapitre à part, in « Des grands victoricides ».

Il prépare sa vengeance en compagnie de l'efficace M. Juppé. Inutile de dissoudre immédiatement l'Assemblée nationale : il aurait encore gagné. Un peu de patience, il suffit de conduire une politique économique désastreuse[1] et d'attendre une raclée garantie aux élections législatives de 1998. Patience ! Le mot déplaît tant à M. Chirac qu'il dissout l'Assemblée un an avant l'échéance et recueille enfin les bénéfices de la défaite. M. Jospin, qui se voyait en chef bienheureux de l'opposition et qui l'avouait, a gagné par surprise, donc perdu. A lui tous les drames, l'euro, le chômage, les déficits, l'augmentation des impôts, la délinquance, les chômeurs, la Sécurité sociale et la politique africaine de la France...

Dans la première version de *Que le meilleur perde* publiée en 1986, nous avions inscrit la réflexion suivante, au titre « *De l'isolement, III,* Comment donner du pouvoir à ses adversaires même s'ils n'en veulent pas » : « Lorsqu'un parti ou une coalition de partis détient la majorité à l'Assemblée nationale, il lui faut attendre, sauf événement grave, cinq ans et de nouvelles élections pour avoir une chance de déposer le fardeau du pouvoir. *Car un président de la République ne saurait dissoudre l'Assemblée nationale, et renvoyer sa propre majorité devant les électeurs hors de tout motif apparent, sans risquer de dévoiler sa répugnance à régenter le pays.* » Ce que M. Giscard d'Estaing et M. Mitterrand n'avaient pas osé faire – se contentant de perdre avec fracas des élections locales –, M. Chirac l'a exécuté au risque de dévoiler le mystère du monde poli-

1. Cf. « *De l'incurie, II,* Conduire une politique économique désastreuse ».

tique, cette aspiration frénétique à la défaite. Par bonheur, les commentateurs et les citoyens n'ont une fois de plus rien compris.

Morale : il faut parfois savoir gagner, même de douloureuse manière, pour préparer les défaites futures. De nos jours, droite et gauche disposent de dirigeants de talent et d'habiles capitaines. Dans ce combat de titans, une seule règle : que le meilleur perde.

AVERTISSEMENT

Il existe un moyen déshonnête d'échapper à moitié au jeu de la victoire et de la défaite : cela se nomme la cohabitation. Cette situation inédite fut inventée par MM. Mitterrand et Chirac en 1986, reconduite avec M. Balladur en 1993 et renouvelée avec M. Jospin en 1997.

Président de la République et Premier ministre sont à la fois au pouvoir dans l'opposition et dans l'opposition au pouvoir. Nous concevons que cette étrange posture puisse procurer de grandes joies aux protagonistes. Voyez comme M. Chirac peut enfin dire du mal du gouvernement, et les militants socialistes – groupés autour de Matignon – s'en prendre à l'Elysée. Comme il est normal, les deux camps remontent dans les enquêtes d'opinion au lieu de se combattre à coups de pourcentages. Après la dissolution de 1997 et sa défaite législative, M. Chirac lui-même est parvenu en trois mois à grimper de 13 points, son meilleur résultat depuis son élection.

Autrefois, les cohabitations duraient deux ans, jusqu'à l'élection présidentielle programmée ; aujourd'hui, nous allons assister à une tentative exceptionnelle sur cinq années pleines. Ce n'est plus une tactique, c'est une stratégie.

Est-ce bien moral ? Nous devinons que cette récréation ne saurait durer, que cet heureux partage ne résistera pas à la psychologie profonde des hommes politiques : après d'audacieuses combinaisons, le plus malin des victoricides finira par l'emporter, c'est-à-dire par choir.

PRÉLIMINAIRES

Certains lecteurs jugeront que ce livre fait la part trop belle à la droite, et révèle par là une fâcheuse tendance partisane. Il faut cependant garder à l'esprit que la gauche a manifesté depuis les débuts de la Ve République un talent digne d'éloge. Elle s'est habilement maintenue dans l'opposition sous le général de Gaulle grâce à l'action persévérante de M. Guy Mollet, qui avait déjà su conduire à sa perte la IVe République tout entière. La gauche s'est effondrée sans hésitation lors de l'élection de M. Pompidou, M. Gaston Defferre parvenant même à réduire les suffrages socialistes à 5,01 %, ce qui constitue un record historique pour notre siècle.

En 1974, M. François Mitterrand est arrivé non sans mal à déjouer les insolentes menées de M. Giscard d'Estaing, à qui il a laissé de justesse une majorité de 350 000 suffrages. Certes, il y a le faux pas de 1981, l'élection de M. Mitterrand, l'erreur de 1988 et la victoire de 1997. Mais reconnaissons que la gauche a su organiser sa défaite aux législatives de 1986 et sa débâcle à celles de 1993, sans parler de la présidentielle de 1995.

On peut aussi remarquer que la gauche compte les

hommes politiques les plus doués, ceux qui, malgré une immense popularité, ont évité de se faire porter durablement au pouvoir. M. Mendès France, qui ne gouverna que sept mois et dix-sept jours ; M. Rocard, qui sut fort bien jouer pour s'effacer toujours devant M. Mitterrand puis devant M. Jospin ; M. Delors, qui refusa d'être candidat à l'élection présidentielle de 1995 ; beaucoup plus loin de nous, Léon Blum, Edouard Daladier, Edouard Herriot, dont les ministères ne passèrent que rarement l'année ; Jean Jaurès, qui échappa toute sa vie aux palais nationaux ; enfin Léon Gambetta, le grand ancêtre, qui fonda la République sans jamais gouverner, sauf à la fin de sa vie : mauvais pas dont il se tira en provoquant la coalition de tous ses ennemis contre lui.

Malgré cela, on doit avouer que la gauche part avec un lourd handicap : de 1877 à 1958, si l'on compte la gauche républicaine de la fin du XIXe siècle, puis les partis socialiste, radical, communiste pris ensemble ou séparément, la gauche a passé environ cinquante-cinq ans au pouvoir, contre vingt-cinq pour les conservateurs.

Revenons à la Ve République. En gros, de 1958 à nos jours, la droite a tenu le pouvoir vingt-trois ans, la gauche onze. Coupons en deux les années de cohabitation : cela fait vingt-cinq ans pour la droite, treize pour la gauche.

Calcul général depuis 1877 : gauche, soixante-huit ans au pouvoir, droite, cinquante.

Historiquement, rien n'est perdu ni gagné.

DE L'INCURIE

DE L'INCURIE

I. *Comment faire des promesses absurdes*

Dans les sociétés contemporaines, la politique économique a pris une importance considérable. Soucieux d'être battu de façon irréversible, l'homme politique se doit de démontrer qu'il est incapable de gérer une économie moderne. La tâche est aisée pour qui se trouve dans l'opposition ; il lui suffit d'annoncer qu'une fois au pouvoir il prendra des mesures contradictoires, mesures dont l'invraisemblance doit apparaître au premier coup d'œil, même à un esprit peu familier des subtilités de l'économie politique.

Ainsi en 1995 M. Chirac annonça-t-il qu'il se proposait de réduire la fracture sociale, de lancer un plan Marshall pour les banlieues, de maîtriser les déficits publics tout en contenant le chômage, de réduire les prélèvements obligatoires, de diminuer l'impôt sur le revenu, d'en abaisser les tranches les plus hautes, d'exonérer les contribuables les moins favorisés, de réformer la fiscalité, de ne pas plafonner les dépenses sociales, de maintenir et garantir le pouvoir d'achat des retraités, de ne pas bloquer les salaires, de les augmenter à la première occasion – puisque selon un admirable slogan « la feuille de paye n'est pas l'ennemie de l'emploi » –, d'organiser un référendum sur l'Education nationale sans en préciser le propos, de créer un statut de l'étudiant plus juste et plus généreux, de consacrer 1 % du budget à la Culture.

L'opinion reste peu sensible à des propositions si clairement orientées vers la défaite. La preuve en est que M. Chirac fut élu. Il n'a recueilli les avantages de ses promesses absurdes que deux ans après s'être installé à l'Elysée et grâce à la dissolution.

Le procédé est grossier, mais d'une redoutable efficacité. Ainsi M. Juppé avait-il déclaré, le 22 juin 1995, avoir pour objectif la création de 700 000 emplois en dix-huit mois. Nous savons qu'il n'en fut rien et comment M. Juppé a su profiter de cette promesse oubliée. Voilà pourquoi lors de la campagne législative de 1997 M. Jospin a repris le même engagement : 700 000 emplois pour les jeunes. Il y a dans ce 700 000 une composition mythique, ce chiffre 7 d'autant plus magique qu'on lui rajoute des zéros. Jolie garantie pour la défaite.

Encore faut-il être crédible, persuader le peuple que ces propositions sont sérieuses et que le candidat s'apprête à les mettre en œuvre avant d'y renoncer. La technique de *la contrepartie fictive* est particulièrement recommandée : elle consiste à redoubler l'effet de promesses *économiquement absurdes* en les finançant par des *ressources imaginaires*. De la même façon qu'autrefois le Parti communiste gageait les dépenses nouvelles entraînées par une politique de gauche sur des économies à réaliser en supprimant le gaspillage des monopoles, M. Chirac avait lancé la formule « ne pas dépenser moins mais mieux », et M. Jospin en campagne, pour couvrir ses dépenses futures, a prétendu dégager des économies par un « redéploiement » des crédits budgétaires « sans augmentation des déficits » et, en bon socialiste, compté sur les entreprises pour financer le « cocktail » des mesures à venir.

Ces facilités ne sont malheureusement accessibles qu'aux partis qui se trouvent dans l'opposition. Dès qu'il parvient au pouvoir, un parti démontre quotidiennement qu'il est en mesure de gérer une économie moderne. Il ne lui reste qu'une seule voie pour accéder à la défaite : conduire une politique économique désastreuse.

DE L'INCURIE

II. *Conduire une politique économique désastreuse*

Contrairement aux apparences, il est délicat de mener une mauvaise politique économique. Les affaires d'un Etat ne se traitent pas comme celles d'un ménage. Il ne suffit pas de dépenser plus que l'on ne gagne, de contracter des dettes en quantité telle que l'on ne puisse les rembourser ou de gaspiller les biens reçus en héritage. Bien des comportements qui ont mené à la faillite de riches maisons peuvent, si l'on n'y prend garde, assurer la prospérité des Etats.

Des gouvernements à courte vue pourraient croire qu'il suffit de multiplier les déficits pour démontrer une inaptitude à gérer l'économie. Creuser la dette, lancer des emprunts, précipiter les établissements publics au bord de la faillite, les renflouer à grands frais – mais toujours de façon insuffisante –, échouer à maîtriser les dépenses de santé, jeter la Sécurité sociale dans les déséquilibres les plus graves, affaiblir la monnaie sur le marché des changes ou faire baisser la Bourse en inventant des petites phrases menaçantes, l'ensemble de ces mesures permet certes de débiliter le pays et de le déconsidérer devant ses partenaires européens. Depuis plus d'un siècle, les gouvernements français nous ont fourni de nombreux exemples de ces pratiques et nous nous dispenserons d'en imposer la liste au lecteur.

Mais cette politique n'est pas sans danger ; les déficits publics stimulent l'activité économique, la dépréciation de la monnaie favorise les exportations. En bref, si la dette augmente, le chômage risque de diminuer.

Il n'est guère plus facile de mettre en œuvre une politique qui vise à accroître le chômage. Licencier des milliers, voire des centaines de milliers de salariés, cela finit par peser sur le niveau des salaires. Il en résulte des coûts moins élevés pour les entreprises et donc une baisse des prix. Les produits qui ne peuvent trouver preneur sur le marché, à cause de la réduction du pouvoir d'achat, s'exportent aisément en raison de leur compétitivité. A l'arrêt de l'inflation s'ajoute alors l'effet désastreux d'un excédent de la balance commerciale et d'une monnaie solide.

Cette politique conduit à l'inverse du résultat recherché. Stimulée par les exportations, l'économie redémarre et l'embauche pourrait en être stimulée d'autant.

Il est donc nécessaire de concevoir et de mettre en œuvre une politique susceptible de développer à la fois le chômage et les déficits. Un tel objectif suppose beaucoup de savoir-faire.

La solution consiste à distribuer en abondance des aides publiques à l'emploi sans qu'elles servent à la création d'emplois. Il faut les concevoir multiples, complexes, incompréhensibles et s'assurer que leurs bénéficiaires ne puissent saisir l'avantage qu'ils en retireraient. Exonérations de droits sociaux, stages inutiles, cadeaux au patronat, effet d'aubaine (le si bien nommé), telles sont les méthodes appliquées avec acharnement par les gouvernements de MM. Mitterrand et Chirac. Il faut cependant veiller à ne pas encourager l'apprentissage, qui mettrait sur le marché du travail des jeunes gens formés et aptes à remplir les tâches nécessaires à la bonne santé de l'économie. L'hostilité de l'Education nationale et les réticences des syndicats ont aidé la plupart des ministres du Travail à éviter cette erreur.

Remarque : depuis plusieurs années, une conjoncture mondiale déplaisante a privé nos victoricides d'une formule aisée, l'inflation et la dévaluation. Autrefois un gouvernement parvenait à se déconsidérer en laissant filer le franc et en dépréciant la monnaie. La sanction était claire et visible. Songeons que MM. Mauroy et Delors, ces bienheureux, réussirent dans les années 80 à dévaluer le franc à trois reprises en moins de vingt mois. Le Français qui se déplaçait à l'étranger pouvait observer plusieurs fois par jour que la monnaie nationale avait perdu de sa valeur. Il était humilié par le touriste germanique qui disposait de devises fortes et qui n'hésitait pas à commander les plats les plus coûteux alors que notre concitoyen devait compter pour nourrir chichement sa famille.

Cette facilité nous est hélas refusée aujourd'hui par l'Europe qui nous fournit d'un autre côté de beaux prétextes à défaite.

Comme nous allons le voir, nos hommes politiques ne restent pas démunis.

DE L'INCURIE

III. *Comment faire des dettes judicieusement*

La mise en œuvre d'une politique systématique d'endettement public reste un sujet controversé parmi les stratèges de la défaite électorale. L'instrument est puissant mais de maniement délicat. Il aboutit, comme souvent, à l'inverse du résultat recherché.

A court terme, le recours à l'emprunt, surtout lorsqu'il est utilisé pour financer une politique de gaspillage des fonds publics, permet au Premier ministre et au ministre de l'Economie de développer une image de marque détestable et une solide réputation d'incompétence. Cette stratégie peut dans l'immédiat conduire à l'échec électoral. Mais c'est une défaite dangereuse. On abandonne une arme considérable dans les mains de l'adversaire. C'est lui qui devra rembourser, lui qui pourra augmenter la fiscalité pour faire face à des charges financières accrues. En revanche, le souvenir des libéralités de celui qui a su dépenser sans compter peut demeurer dans les mémoires.

De même, il est en apparence fort rentable d'émettre des emprunts à des conditions ruineuses pour le Trésor public. Mais les conséquences à long terme sont parfois difficiles à prévoir.

Ainsi en 1993 M. Balladur prétendait désendetter l'Etat. Promesse absurde et intenable. Aussitôt au pouvoir, il a donc fait l'inverse et lancé un emprunt aux ambitions considérables : 40 milliards de francs. Refusant les systèmes modernes d'appel aux marchés – qui ont l'inconvénient d'être peu onéreux – il a cherché la participation des petits épargnants lors d'une campagne publicitaire fort coûteuse (25 millions de francs). Avec beaucoup d'intelligence, les citoyens ont compris cette tactique formidable : à sa grande surprise, M. Balladur a recueilli plus du double de la somme escomptée, 110 milliards, et battu le record historique de M. Thiers en 1872, ce qui n'est pas rien.

En retardant le paiement de la TVA d'un mois, il a aussitôt perdu 35 milliards de francs. Il a su en gaspiller quelques autres par des réductions fiscales et des manipulations diverses. Ne parlons pas des commissions versées aux banques. Pour être certain que le bénéfice de cette opération calamiteuse ne puisse lui échapper, M. Balladur s'est efforcé d'associer son nom à cet emprunt.

A l'époque, M. Balladur se croyait condamné au pouvoir pour une longue durée, Matignon d'abord, l'Elysée ensuite. C'eût été à lui de rembourser en juillet 1997 les sommes ainsi collectées et d'avouer une perte nette de 4 à 5 milliards.

Malheureusement, M. Balladur n'a tiré aucun avantage de cette déconfiture : il n'était plus au pouvoir en 1997. M. Juppé, menacé à son tour de remboursement, espérait aggraver sa propre situation. Erreur : ce fut M. Jospin qui remboursa, ce qui ne lui valut l'opprobre de personne.

D'autres exploits historiques nous prouvent combien il

est difficile de profiter d'une claire politique d'endettement. M. Pinay, qui vida les caisses de l'Etat avec son emprunt indexé sur l'or et exonéré de droits de succession, conserva jusqu'à sa mort une renommée de sage financier. En 1972 M. Giscard d'Estaing, ministre des Finances, réitéra l'opération : pour emprunter 6,5 milliards de francs il contraignit l'Etat à payer ensuite l'équivalent de 100 milliards tout compris, intérêts et capital. Personne ne lui a porté crédit de cette incompétence financière puisqu'il n'a pu – même comme président de la République – rembourser avec ostentation ces sommes affreuses pour l'Etat : l'échéance arriva en 1988 sous la présidence de M. Mitterrand.

Ces exemples permettent de formuler quelques règles d'action qu'il convient d'appliquer avec tact :

a) Il vaut mieux emprunter à l'étranger, car les bénéfices du prêt ne seront pas encaissés par les électeurs. En outre, la dette extérieure permet d'accroître le déficit des paiements. Ce mécanisme peut déboucher sur un système auto-entretenu : l'augmentation de la dette extérieure accroît le déficit des paiements, qui provoque la dévalorisation de la monnaie, qui entraîne l'augmentation de la dette extérieure. Seuls les virtuoses sont capables de mener une telle politique.

b) Il vaut mieux emprunter dans une devise forte que dans une devise faible. Ainsi, la dette publique augmente chaque année en raison de la dépréciation de la monnaie nationale. C'est exactement ce qu'ont fait les dirigeants sud-coréens en 1995. Ceux-là ont emprunté 8 milliards de dollars pour financer des manufactures de mémoires vives. Crise, catastrophe, effondrement de la monnaie nationale. Frappé par la dette, le président Kim Jung-sam perd aussitôt les élections.

c) Il vaut mieux encore emprunter dans une devise qui monte. La charge des remboursements s'en trouvera considérablement accrue. Les emprunts souscrits en dollars à 4 francs seront alors remboursés avec un dollar à 5 francs. N'oublions pas que M. Mitterrand est parvenu en 1981 à emprunter sur la base d'un dollar à 6 francs qui s'est retrouvé à 10 francs en 1985.

Attention : les devises qui montent rapidement peuvent s'effondrer de même et annuler en quelques semaines des dettes qui ont été soigneusement accumulées pendant plusieurs années.

d) Il vaut mieux emprunter à court terme qu'à long terme. On est alors obligé de rembourser soi-même les dettes contractées.

Dans le tiers monde, certains confondent la stratégie politique avec l'usage du chèque sans provision. Ils proposent d'augmenter la dette du pays jusqu'au seuil où celui-ci sera mis sous le contrôle du Fonds monétaire international. De tels procédés ne nous semblent pas convenables. En outre, cette stratégie est à double tranchant : les gouvernants perdent la responsabilité de la politique d'austérité qui sanctionne l'incompétence économique. Les manifestants, au lieu de conspuer dans la rue leurs mauvais ministres, s'en prennent aux experts du FMI : le contraire de l'effet recherché.

Il reste d'autres méthodes pour s'endetter, et d'abord celle qui consiste à jeter une banque nationalisée – le Crédit Lyonnais par exemple – dans les investissements les plus risqués et les plus déraisonnables. Ce calcul fut si habilement mené dans un passé récent qu'il fera l'objet d'un chapitre ultérieur.

Admirons pour l'instant l'ingéniosité de nos gouvernants qui, gauche ou droite, sont parvenus à doubler la dette publique de 1990 à 1997. Remarquons que celle-ci représente un passif de 280 000 francs pour chaque Français actif, situation encourageante. A partir de là, il ne reste plus qu'une solution, la plus heureuse pour qui veut quitter le pouvoir : augmenter les impôts.

DE L'INCURIE

IV. *Pourquoi augmenter les impôts*

L'économie est chose abstraite, dont le citoyen perçoit mal les effets ; il convient de les rendre concrets et directement présents dans la vie quotidienne. L'homme politique, pour convaincre les électeurs de son incompétence, se doit d'utiliser ce moment privilégié que constitue le vote du budget. Alors seulement il pourra se porter un coup fatal et établir pour plusieurs années sa mauvaise réputation. Il convient donc d'accorder un soin particulier aux modalités qui accompagnent une bonne augmentation des impôts. N'oublions jamais que le mot d'*exaction* vient du latin *exactio*, « action d'exiger le paiement d'un tribut » (le Petit Robert). Les gouvernants doivent donner en permanence l'impression qu'ils dépensent trop et que les citoyens, ces innocents, doivent payer cher cette impéritie.

L'opération se conçoit en plusieurs phases.

a) *Annoncer que l'on va baisser les impôts en particulier et les prélèvements obligatoires en général.* Prendre sur le sujet des engagements définitifs. Ainsi M. Giscard d'Estaing avait-il proclamé qu'au-delà d'un prélèvement de 40 % sur le PIB, on entrait « en économie socialiste ». M. Mitterrand avait garanti qu'on ne devait pas dépasser les 42 % et que la pression baisserait de 1 % par an.

MM. Chirac et Juppé, nous l'avons mentionné, avaient certifié que les impôts diminueraient et rappelé cette utile formule : « Trop d'impôt tue l'impôt. » M. Jospin, timoré, a simplement affirmé que la charge fiscale ne grandirait pas.

b) *Augmenter rapidement les impôts et les prélèvements si la malchance vous porte au pouvoir.* Sous M. Giscard d'Estaing, ils sont passés de 35,5 % à 41,9 %. En effet, selon sa théorie prémonitoire, nous sommes si bien entrés dans le socialisme que M. Mitterrand en a été élu. Ce M. Mitterrand lui-même, qui partait de haut, est arrivé à ne point baisser la charge et à monter à près de 45 %. MM. Chirac et Juppé ont ordonné la plus forte ponction fiscale de l'histoire de France.

M. Jospin – ravi de la situation laissée par M. Juppé – a fait voter un projet de loi de finances qui relève encore les impôts d'environ 14 milliards et même de 35 milliards si l'on prend en compte, pour 1998, l'effet des mesures adoptées à l'été 1997. Il eut également recours à une autre méthode.

c) *Tempérer la croissance.* Par malheur, une économie moderne a une tendance naturelle à se développer, hors quelques périodes de dépression. Plus la dépression est forte, plus la croissance qui lui succède risque d'être vive, – ce qu'il convient d'éviter. C'est pourquoi M. Jospin, abandonnant les contribuables à leur triste sort, a décidé de taxer les grandes entreprises à un niveau unique dans le monde industrialisé : 41,66 %. Outre la mauvaise humeur patronale que cette mesure ne saurait manquer d'engendrer, cette ponction a l'avantage de faire reculer l'investissement, de favoriser le chômage, d'accabler la recherche, la publicité et la prospection sur les marchés étrangers.

Les entreprises, terrifiées, dénoncent l'horreur fiscale et installent leurs filiales en Angleterre ou en Irlande.

Lorsqu'on est socialiste, il reste nécessaire de faire payer les déficits publics au secteur privé. La droite favorise en général le projet inverse. Dans les deux cas, les effets calamiteux sont garantis.

d) *Toujours menacer les citoyens.* Si pour une raison ou une autre on n'augmente pas directement l'impôt, il est essentiel de laisser supposer qu'on le fera l'année suivante, comme l'a dit M. Jospin. Si au contraire, à la façon de M. Juppé, on décide de baisser l'impôt après l'avoir augmenté, il faut concevoir cette baisse comme légère, aléatoire, inique, et s'arranger pour qu'elle n'apparaisse pas trop sur la feuille d'imposition.

Les contribuables doivent vivre dans une insécurité permanente. Telle déduction, qui attire le citoyen pour une épargne, un investissement, un achat de logement, un divorce, une donation, un héritage, un fonds de pension, une économie d'énergie, devra être rapidement supprimée et sans explication.

Les hommes politiques sont ici servis par la psychologie des masses : les majorations se perçoivent toujours, les diminutions jamais.

e) *Créer des impôts nouveaux.* Par principe les baptiser de noms inquiétants, CSG, RDS. Se débrouiller pour qu'ils se déduisent sans se déduire, ou partiellement, avec des pourcentages différents. La comptabilité des entreprises en sera opprimée, les salariés ou les actionnaires tourneboulés. Une feuille d'impôts claire et nette pourrait réveiller un sentiment civique chez le contribuable. La complexité vaut intimidation, l'obscurité nourrit un indispensable sentiment d'injustice.

Il n'est pas inutile, comme le fait M. Jospin, de frapper l'épargnant plutôt que le contribuable salarié : l'épargnant et le salarié, à 90 %, sont une seule et même personne. Quand celle-ci échappe à une taxation accrue des revenus du travail, elle se retrouve spoliée dans ses pauvres économies.

Dernier intérêt d'une vive augmentation des impôts : les recettes fiscales reculent par la fraude ou l'abstinence. La TVA est tellement haute que la consommation diminue. Les Français ont l'impression de payer plus alors qu'ils paient moins, et le Trésor public n'en est pas enrichi pour autant.

DE L'INCURIE

V. *Le* stop and go *ou comment agir à contretemps*

Il est recommandé de changer souvent de politique économique. Même médiocre, une politique menée avec persévérance risque d'avoir à la longue des effets positifs. La continuité dans l'effort est mauvaise conseillère. Il convient plutôt de se rétracter dès que la politique suivie a eu ses effets négatifs, avant que ne surviennent les conséquences positives. Les Anglo-Saxons ont un mot pour désigner cette attitude, *stop and go*, qui évoque la conduite automobile. Il est connu que le meilleur moyen d'user prématurément une voiture est d'alterner de vigoureuses accélérations et de violents coups de frein.

En cette matière, M. Juppé fut l'un des plus rapides. Parvenu au gouvernement au printemps 1995, il décida dès l'été de favoriser le pouvoir d'achat des Français, releva le Smic et les retraites, le minimum vieillesse, tripla même l'allocation de rentrée scolaire.

A l'automne, le même homme engage une politique d'austérité, augmente la TVA, menace les retraites et accable chacun sous la charge d'anciens et de nouveaux impôts. A l'évidence, il reprend plus qu'il n'a donné. L'économie s'en porte mal, le civisme est ébranlé, la consommation régresse.

Remarquons qu'après avoir majoré les impôts, il s'empressera de les faire baisser l'année suivante, démontrant à l'évidence qu'il n'y a rien de plus pernicieux qu'une stratégie claire.

L'histoire de la Ve République fut sur ce sujet fort instructive. Saluons M. Raymond Barre qui, en 1976, inaugura son ministère en bloquant les prix. A Noël, il ne consent à libérer que les prix des chocolats fins, du boudin blanc et des marrons glacés. Le zèle du Premier ministre est sans défaillance. A l'automne 1977, plus d'un an après son arrivée à Matignon, il diminue d'autorité de 5 % le prix des poulets de chair, fixe avec sollicitude des prix plafonds pour les eaux minérales, les vins d'appellation d'origine contrôlée servis dans les débits de boissons, ainsi que pour les bières et pour certaines denrées solides à consommer sur place.

Avec gravité, il annonce que « les prix de la pâtisserie fraîche seront bloqués, tandis que sept produits de large consommation comme par exemple les croissants, les pains au chocolat, seront taxés en valeur absolue ». Taxer le prix des croissants, voilà qui frappe l'imagination populaire.

A partir des élections législatives de 1978, le gouvernement qu'il conduit se fait gloire au contraire de briser la réglementation. Les prix industriels sont libérés à la fin de l'année. Pour la première fois depuis la guerre, le ministère de l'Economie et des Finances renonce à fixer le prix du pain. Et c'est au nom du libéralisme, enfin, et de l'abolition des contrôles administratifs tatillons que M. Barre fait campagne pour l'élection présidentielle de 1988, où il sera, comme il l'avait cherché avec soin, battu dès le premier tour.

M. Mitterrand lui-même ne dédaigna pas la méthode. Ainsi il brisa la relance de 1981 lorsqu'elle avait presque atteint l'ensemble de ses résultats négatifs, déficits et dévaluation, et qu'elle risquait d'avoir quelques effets positifs sur l'emploi. En 1982 et surtout en 1983, il engage une politique de rigueur.

On comprend bien pourquoi il n'aurait pas été judicieux d'appliquer cette politique d'austérité dès le départ. Sans les gaspillages de l'année 1981, la rigueur aurait été moins draconienne, moins durable, et ses effets positifs se seraient fait sentir beaucoup trop tôt.

Bref, la vertu du *stop and go* peut s'illustrer par un axiome simple : il faut bien contraindre les patrons à embaucher pour qu'ils puissent licencier ensuite.

*

* *

Le *stop and go* est l'une des grandes figures de la stratégie de la défaite. Non seulement il condamne une politique à l'inefficacité mais encore il disqualifie l'homme qui la met en pratique en montrant que celui-ci ne sait pas ce qu'il veut.

DE L'INCURIE

VI. *Se fixer des objectifs insupportables*

Alors que nul n'y songeait sérieusement, M. Mitterrand et ses gouvernements eurent l'idée profonde de proposer une monnaie unique aux autres Européens. Tâche inhumaine dans un continent déchiré par les guerres et les rivalités économiques depuis la nuit des temps. Les chefs d'Etat et de gouvernement comprirent vite les énormes profits victoricides qu'ils pourraient retirer d'un pareil projet ; ils donnèrent leur accord, le chancelier Kohl en tête, qui savait combien les Allemands étaient attachés à leur monnaie nationale et comme ils détesteraient qu'on les sollicite pour régler les dettes de leurs partenaires.

Lors des négociations, M. Mitterrand, président dépensier d'un pays dépensier, eut une deuxième idée, plus épatante que la première. Il s'agissait d'imposer aux différents pays une condition grâce à laquelle ils entreraient ou n'entreraient pas dans la future monnaie : leurs déficits ne devraient pas excéder 3 % du produit national brut. Soit qu'il craignît d'exercer encore le pouvoir en 1998, date de l'échéance, et cherchât ainsi à se faire trébucher lui-même, soit qu'il voulût léguer comme un cadeau à ses successeurs une terrible exigence, M. Mitterrand insista. Le chancelier

Kohl lui-même n'avait pas pensé à pareille contrainte, mais il approuva les Français et leur suggestion si contraire au bon sens.

Les peuples comprirent vite qu'on ne pouvait baisser les déficits qu'en diminuant les prestations de toute sorte et en augmentant les impôts : ils manifestèrent une méfiance renouvelée envers l'Europe.

M. Mitterrand choisit d'en profiter aussitôt. Chacun sait que le traité de Maastricht, porteur des fameux 3 %, aurait été ratifié sans problème et sans tracas par le Parlement. M. Pasqua avait même déclaré qu'il voterait pour et M. Séguin s'était au début montré fort discret. M. Mitterrand a donc imaginé de soumettre le traité à un référendum à l'automne 1992.

Les Français, qui ne rêvaient guère de Maastricht, se réveillèrent, accompagnés par tous les anti-européens de la veille ou du lendemain. M. Mitterrand aurait sans doute perdu ce scrutin risqué si en dernière minute M. Chirac, se prononçant pour le oui malgré ses convictions, ne l'avait contraint à gagner.

M. Mitterrand manqua sa défaite, mais tira quelques privilèges de sa tactique. D'abord le faible pourcentage des oui (51 %) ébranlait sa position et limitait son action. Ensuite la carte électorale des oui était l'exact inverse de celle de la gauche : le référendum avait brisé l'électorat socialiste, qui avait voté non en majorité. Cette situation sera fort utile moins d'un an plus tard, aux législatives de 1993, où le PS connut l'une des plus belles défaites de son histoire.

Rien n'est terminé, les 3 % de Maastricht demeurent. On remarquera comment M. Juppé s'y est attaché sitôt parvenu au pouvoir, puis M. Jospin lui-même, après une brève hésitation.

Quelle subtilité dans le choix de ces 3 % ! Le chiffre n'est pas fixé trop bas, pour qu'il soit vraisemblable, mais assez haut pour qu'on ne puisse normalement y atteindre. La preuve nous en est donnée par l'Allemagne qui, après la France, n'a pu le respecter qu'en trichant sur ses comptes.

On conçoit qu'aucun gouvernement ne saurait renoncer à ce critère qui contraint sa politique économique tout en garantissant le maintien ou l'accroissement du chômage : il y trouve un bonheur facile dans l'impopularité.

EXERCICES

I

A votre avis, qu'aurait dû faire M. Jospin pour être battu aux législatives de 1997 ?

a) Lire à la télévision les principaux passages du programme socialiste ;

b) Chanter à la radio l'hymne du PS :

Prendre la parole
Décider nous-mêmes
Libérer nos vies des chaînes de l'argent
Faire du bonheur notre monnaie courante
Maîtriser la science et dominer le temps
France socialiste puisque tu existes
Tout devient possible ici et maintenant ;

c) Exercer pour de bon son droit d'inventaire sur l'œuvre de François Mitterrand ;

d) Se montrer plus souvent en compagnie de Jean-Pierre Chevènement et d'Henri Emmanuelli ;

e) Menacer de s'entendre avec le chancelier Kohl ;

f) Avouer qu'il ne pourrait empêcher la fermeture de l'usine Renault de Vilvorde.

Corrigé :
Il n'y avait rien à faire.

II

Votre adversaire annonce qu'il va renégocier le traité de Maastricht, maintenir les prestations de la Sécurité sociale au niveau le plus élevé, diminuer les crédits de la Défense, augmenter ceux de la Santé et de l'Education nationale, s'attaquer pour de bon au drame des banlieues. Que faites-vous ?

a) Vous criez à la démagogie ;
b) Vous proposez d'augmenter la vignette automobile ;
c) Vous ne bougez pas : votre adversaire se disqualifie de lui-même. Ses propositions sont tellement incroyables qu'il sera certainement élu dans un an ;
d) Vous dissolvez immédiatement l'Assemblée nationale.

Corrigé :

d) bien sûr. Si vous ne comprenez pas pourquoi, relisez les chapitres précédents.

III

Votre parti a publié un programme qui a pour objectif de défendre le cours de la monnaie, de créer des emplois, de baisser les impôts, d'assurer l'équilibre des finances publiques. Que faites-vous ?

Corrigé :

Vous quittez votre parti dès que possible. Sinon vous risqueriez de vous retrouver à l'hôtel Matignon. Pour plus de garanties, adhérez vite au Parti radical de gauche ou à l'un des derniers clubs giscardiens.

IV

Vous lisez la phrase suivante dans l'article d'un publicitaire :

« Le non-consommateur se caractérise par le fait que, dans ses attitudes psychologiques, le côté frein l'emporte sur le côté motivation, créant ainsi un équilibre psychologique fixé par le non-achat[1]. »

Quelle doit être votre réaction ?

Corrigé :

Engager immédiatement ce publicitaire comme conseiller en communication.

1. Authentique.

DE L'ISOLEMENT

DE L'ISOLEMENT

I. *Comment miner sa base électorale*

Dans le cadre d'une politique droite-gauche, il n'est pas toujours facile d'accroître sensiblement le nombre de ses adversaires. Le pourcentage des électeurs flottants – véritables centristes prêts à se porter d'une tendance à l'autre – demeure réduit et ne saurait suffire à provoquer ces franches défaites où une coalition succombe avec 40 % voire 35 % des suffrages.

En effet, quelle que soit son irritation contre sa famille politique, un homme de gauche a du mal à voter pour la droite et un homme de droite, pour la gauche.

Pour pallier cet inconvénient majeur, il convient de démobiliser ses propres partisans. Ils n'en voteront pas pour autant contre vous, mais le dégoût les précipitera dans l'abstention à un moment où vos adversaires feront le plein de leurs voix : vos résultats baisseront en pourcentage et vos candidats seront écrasés.

L'exceptionnelle défaite socialiste aux législatives de mars 1993 s'explique peut-être par le haut niveau de l'abstention à gauche plutôt que par un véritable transfert sur les candidats de droite. A l'inverse, en 1997 les anciens partisans de M. Juppé n'ont pas voté pour M. Jospin : ils se sont eux aussi abstenus ou ils ont apporté leurs suffrages au Front national.

*

* *

Les formations politiques parvenues au pouvoir frappent de préférence les catégories sociales qui leur ont donné la majorité. Au-delà de la rentabilité immédiate, il entre dans ce comportement un secret esprit de vengeance.

Le phénomène est si courant que nous nous contenterons de citer quelques cas parmi les plus notoires.

A son époque M. Mitterrand a fait licencier massivement dans la métallurgie, les charbonnages, les aciéries, l'automobile, s'attaquant aux grands symboles du socialisme et diminuant en chiffre absolu les effectifs de la classe ouvrière. Il a cassé l'indexation des salaires des fonctionnaires, brimé les enseignants, subventionné la création d'entreprises individuelles, fait monter les cours de la Bourse, fait baisser les taux d'indemnisation du chômage et de remboursement de la Sécurité sociale et, pour la première fois depuis les années 50, il s'est attaqué de front au pouvoir d'achat des Français en général et des travailleurs en particulier.

Cette politique a connu un plein succès, puisque M. Mitterrand n'a pas gagné la moindre voix de droite tout en perdant de nombreux soutiens à gauche.

Au contraire, MM. Chirac et Juppé, après avoir encouragé la progression des dépenses de santé, se sont efforcés de brider la médecine libérale et de se mettre à dos les médecins, la catégorie sociale la plus chiraquienne de France, ils ont accablé les entrepreneurs et les possédants en cherchant à imposer les revenus du capital au même niveau que ceux du travail, ils ont maintenu avec soin l'impôt sur les grandes fortunes, laissé mettre en prison le plus gros contingent de patrons jamais incarcéré, resserré la pression sur les retraités, exaspéré l'armée en supprimant le service militaire et en privant par là les officiers de leurs souffre-douleur, enfin ils ont démoralisé une jeunesse qui, née sous M. Mitterrand, avait contribué à leur victoire en 1995.

M. Chirac, avec un fier entregent, est parvenu à convaincre une large partie de la bourgeoisie et de la droite qu'il menait au fond une politique de gauche.

Cette politique a connu un plein succès, puisque MM. Chirac et Juppé n'ont pas gagné la moindre voix à gauche tout en perdant de nombreux soutiens à droite.

M. Jospin, lui, a bien commencé en laissant fermer l'usine Renault de Vilvorde, en acceptant les critères de Maastricht, en manigançant des privatisations, en limitant l'augmentation des bas salaires, en refusant de relever les minima sociaux. Il pourrait un jour ou l'autre persuader les travailleurs qu'il mène une politique de droite.

DE L'ISOLEMENT

II. *Comment démoraliser ses militants*

Il s'agit d'une entreprise indispensable et complémentaire de la précédente. Ce sont les militants qui répandent votre idéologie, recrutent vos électeurs, collent vos affiches, vous fournissent des cadres et des responsables locaux.

Lorsque vous êtes au pouvoir, il est donc vivement conseillé d'établir toutes sortes de distinctions entre le gouvernement et les partis politiques qui le soutiennent. Le gouvernement se gardera de suivre l'avis des militants, il les tiendra à l'écart des décisions et manifestera irritation et mépris à chacune de leurs interventions. Ajoutez à cela une bonne dose de condescendance.

Pour décourager les militants, les tactiques fondées sur le double langage sont recommandées. Nous en avons de nombreux exemples depuis quelques années :

a) Nommer au gouvernement l'homme que l'on n'attend pas. M. Séguin, par son discours populiste, avait fait élire M. Chirac. Le punir pour cela. Placer donc son rival et son contraire à Matignon, soit M. Juppé. Toujours préférer un triste technocrate qui s'enferme dans ses bureaux à un tribun jovial qui enthousiasme les compagnons (les camarades).

b) Tenir des propos anti-européens dans le parti et mener une politique pro-européenne à Bruxelles (valable pour la droite et pour la gauche).

c) Variante : encourager dans le parti des sentiments anti-américains et se montrer l'allié fidèle du président Clinton dans chaque crise internationale. Surtout, ne jamais oser intervenir sans son accord et lui emprunter des Awacks et des avions de transport après avoir exalté la politique d'indépendance de notre pays.

d) Lorsque votre parti, en l'occurrence le RPR, se maintient grâce au dévouement de femmes obscures et nombreuses, nommer des femmes au gouvernement, bien le faire remarquer, les en chasser aussitôt après. L'exécuter de la façon la plus brutale, les convoquer à la queue-leu-leu, façon dentiste, pour les expulser chacune en quelques minutes. La haine qui se nourrira du procédé vous sera utile par la suite.

e) Pour les législatives, parachuter des responsables parisiens en province, qui prendront la place des dirigeants locaux. Le parachuté, contesté par la fédération et mal accepté par les militants, fera moins de voix qu'un candidat indigène mieux implanté. Comble du chic : parachuter un candidat extérieur au parti, puis ne pas le soutenir et encourager en sous-main un rival dans le même camp.

f) A gauche, mener grand train dans les palais nationaux en discourant avec des sociologues notoires sur la fin de la classe ouvrière et l'après-marxisme (autrefois cela se nommait le « socialisme hôtelier »).

D'une façon générale, ne pas hésiter à faire au gouvernement le contraire de ce que l'on préconisait auparavant dans le parti. Cela vaut également pour l'ensemble de la politique économique (voir les chapitres consacrés à ce sujet).

Variante : Donner une satisfaction aux militants puis la leur retirer par surprise. Exemple pour la gauche : dire que l'on va régulariser la situation des sans-papiers et abroger les lois Pasqua et Debré, puis proposer une législation ferme sur l'immigration, renoncer à abroger lesdites lois et réexpédier dans leur pays d'origine des dizaines d'individus menottés, les pieds scotchés au siège de l'avion. La gauche s'étant pour une part recomposée sur ce sujet humaniste, les militants en seront d'autant plus choqués. On peut redoubler l'opération en envoyant les CRS contre les chômeurs. Cela va contribuer à déconsidérer les adhérents du Parti socialiste, qui devront à contrecœur expliquer que vous restez fidèle à l'esprit, mais non à la lettre, de vos propositions de campagne. Cet exercice absurde sera du meilleur effet, puisque ni le baratineur ni le baratiné ne paraîtront convaincus.

Autre exemple pour le RPR et M. Séguin : condamner l'ultra-libéralisme de M. Madelin, puis se retrouver à une tribune avec lui.

Si enfin vous désirez engendrer les plus vives amertumes, vous donnerez des places importantes à des gens d'esprit hétérodoxe ou qui ne viennent pas de votre famille politique. Vous développerez par là un sentiment d'injustice et de trahison qui se retournera un jour contre vous. MM. Chirac et Juppé ont exaspéré les gaullistes en nommant des hommes de gauche à la tête d'Air France et de la SNCF. M. Jospin agace les socialistes en prenant des conseillers économiques de droite. Vous marquez ainsi aux militants que vous ne les écoutez pas et que sitôt parvenu au pouvoir vous n'avez plus besoin d'eux. L'ingratitude et la jalousie qu'un tel comportement engendre chez vos partisans sera d'un grand ressort.

Une réserve cependant : les propos précédents ne signifient pas qu'un gouvernement ne doive jamais écouter les militants. Par leur sectarisme et leur agressivité, ceux-ci peuvent parfois convaincre le pouvoir de commettre de splendides bévues. En ce domaine comme en bien d'autres, tout est affaire de dosage.

DE L'ISOLEMENT

III. *Comment provoquer une crise sociale*

La crise sociale est l'un des temps forts de la défaite, puisqu'il s'agit du phénomène le mieux à même d'ébranler un gouvernement installé. Les principes s'en définissent aisément : refuser le dialogue avec les citoyens et les corporations, faire en conséquence bloquer le pays par la grève la plus générale possible, coaliser les mécontentements contre le pouvoir, résister à l'assaut de tous, mettre les forces de l'ordre dans la rue, dans les usines, les universités, empêcher l'approvisionnement des villes en denrées fraîches, perdre en quelques semaines les bénéfices de la politique économique précédente, assurer qu'on ne cédera jamais et, à la fin, capituler au prix fort devant des revendications qui se pouvaient satisfaire dès le premier jour au moindre coût.

Là encore, le gouvernement s'en sort déconsidéré, le président de la République ébranlé, le régime affaibli.

Malheureusement, on ne peut pas toujours susciter une crise sociale. Combien de mesures cruelles, sur les salaires, l'emploi, les retraites, sont passées sans que les victimes n'aient réagi.

La véritable crise sociale exige des conditions particulières, comme nous allons le démontrer dans l'histoire qui va suivre. Il s'agit d'un modèle très pur : les mouvements de grève de novembre-décembre 1995. L'affaire fut mise en scène par un expert, M. Juppé, qui réussit là ce que bien d'autres avaient tenté en vain avant lui. Cela lui valut une impopularité record et l'admirable défaite aux élections anticipées de 1997.

La démonstration de M. Juppé fut si claire qu'ici la réalité et le concept ne font qu'un. Considérons les différentes étapes et l'impeccable manœuvre de cet archonte de la défaite.

a) *Profiter d'un contexte favorable.* Une crise sociale n'arrive jamais seule. Elle exige un environnement propice et, au premier chef, l'usure du pouvoir. Quoique tout neuf, le gouvernement de M. Juppé était déjà parvenu à s'user : d'abord dans le scandale des appartements luxueux mais bon marché dont bénéficiait une élite, et singulièrement M. Juppé lui-même ; ensuite par l'expulsion des femmes, dites juppettes, de la plupart des ministères[1]. Il va de soi que si l'on remplace des femmes par des hommes à la veille de réformes sociales importantes, c'est pour mener une politique brutale que celles-là n'eussent point admise. En cinq mots, tout le monde comprend que le gouvernement se prépare à *ne pas tenir ses promesses*, et cela se voit dans les sondages.

b) *Proposer une réforme ambitieuse sur un sujet délicat.* C'est donc le moment que choisit M. Juppé pour présen-

1. Voir les chapitres consacrés à ces deux sujets.

ter à l'Assemblée nationale un projet révolutionnaire de refonte du système de santé. Le 15 novembre 1995, il annonce qu'il va transformer le financement de la Sécurité sociale, sa gestion, ses équilibres, – ou plutôt ses déséquilibres auxquels les assurés, les médecins, les syndicats, les laboratoires tiennent tant. Il ne cache pas qu'il s'agit « d'une réforme que personne n'avait osé entreprendre depuis 30 ans ». Il s'assure que ces mesures entraîneront une perte générale du pouvoir d'achat (0,8 % en 1996). Enfin il s'arrange pour que le projet se nomme Plan Juppé, afin qu'il n'y ait aucun doute sur l'identité du responsable.

Le plan est populaire dans la classe politique, dans la majorité de l'époque mais aussi dans une fraction de la gauche ; il est impopulaire dans la population, ce qui contribuera avantageusement à couper la nation de ses élites.

c) *Prendre des mesures d'accompagnement.* Comme une dévaluation, une crise sociale réclame des mesures d'accompagnement. Cela suppose qu'il existe d'autres malaises dont les victimes puissent rejoindre les troupes mobilisées par la révolte principale. La chose semble d'autant plus indispensable que les assurés sociaux sont partout, c'est-à-dire nulle part : on n'a jamais vu une grève d'assurés sociaux, encore moins une manifestation. M. Juppé a de la chance : en novembre 1995 de nombreuses universités sont en grève et l'on sait, depuis mai 1968, tout l'intérêt que présentent les protestations étudiantes.

Cela n'est pas assez. M. Juppé, pour redoubler son action, attaque sur un autre front, le plus sensible, le front fiscal, et menace de supprimer les 20 % d'abattement que l'ensemble des salariés déduit chaque année sur la feuille d'impôts. Bien sûr, comme il n'est pas méchant, il prévoit de modifier le barème et les tranches à la baisse. Qu'importe, l'effet est là : l'immense masse imagine qu'on va lui faire payer 20 % d'impôts en plus.

M. Juppé ne s'arrête plus. Dans le même mouvement, il déclare qu'il alignera les retraites des fonctionnaires sur celles du secteur privé, déjà malmenées par M. Balladur.

Et comme il faut coûte que coûte paralyser le pays, il présente un contrat de plan avec la SNCF, que rejettent les personnels inquiets. Il s'en prend par la même occasion à la retraite des agents des chemins de fer et, dans cet élan, met en cause les situations acquises de la RATP et de La Poste.

Récapitulons : en quelques jours M. Juppé est parvenu à dresser contre lui les assurés sociaux, les médecins, Force ouvrière, la CGT, les contribuables, les déçus du chiraquisme, les cheminots, les employés du métro parisien, les postiers, les étudiants...

Grande règle de la défaite : ne jamais aborder les problèmes un par un, mais les mélanger tous afin qu'ils explosent.

d) *Résister à la grève.* Puisque les assurés sociaux, dispersés, puisque les salariés du privé, menacés par le chômage, ne peuvent faire grève, la SNCF, la RATP, les Télécom et quelques autres – tous désignés par M. Juppé – vont faire grève à leur place. Plus de transports en commun, plus de courrier.

La France allait à pied ou à vélo. Retards au bureau, à

l'usine, quel plaisir ! Nul n'accuse les grévistes mais chacun réprouve le Premier ministre.

Le gouvernement reste ferme et certifie qu'il ne va pas céder, que sa politique reste la seule possible et que tout recul serait un désastre : excellent, il faut déconsidérer à l'avance les renoncements futurs.

On mobilise le RPR contre les grévistes, de petites manifestations râleuses contre les grands rassemblements populaires. Il est toujours recommandé d'agiter trois lecteurs du *Figaro* contre cent lecteurs de *Libération*.

Par une pétition incongrue, quelques intellectuels de gauche jaloux s'efforcent de s'approprier le plan et l'impopularité de M. Juppé, sans succès.

Le 3 décembre, les syndicats appellent à la généralisation de la grève, ce qui donne à M. Juppé une idée promise à un grand avenir : *la menace d'élections anticipées*. Comme s'il voulait toucher aussitôt les bénéfices de sa défaite. Trop tôt, il lui faudra attendre près d'un an et demi. Petit avantage, la gauche gagne les élections partielles.

e) *Négocier pour céder*. Le 12 décembre, un million de citoyens selon la police, deux millions selon les organisateurs, manifestent dans toute la France contre le plan Juppé. Le 16, six cent mille personnes selon la police, un million selon les syndicats, manifestent à Paris. C'est fini : M. Juppé ne retire pas son plan, mais ne bouge plus. Les travailleurs ont la garantie qu'il ne se passera rien et reprennent le travail.

Conclusion

Dès le début 1996, les sondages et les simulations donnent la droite battue aux législatives prévues pour 1998. Il ne reste donc plus qu'à dissoudre : pour gagner un an et s'assurer que le peuple ne changera pas d'avis d'ici là.

DE L'ISOLEMENT

IV. *Pourquoi s'en prendre à l'Education nationale*

La vie politique connaît aussi des périodes de calme plat, les plus détestables pour une saine stratégie de la défaite.

Il reste un recours éprouvé pour l'homme politique poursuivi par la tranquillité : s'en prendre à l'Education nationale. Une bonne réforme et hop ! tout saute. Voici les étudiants furieux, leurs parents inquiets, les professeurs courroucés et les grandes foules qui les appuient dans la rue.

Cette formule a l'avantage de se mettre en œuvre à peu de frais. Dans n'importe quelles circonstances politiques – sauf pendant les vacances universitaires – un Premier ministre et un ministre de l'Education nationale peuvent décider d'un changement et l'annoncer tout à trac. Il leur est même inutile de travailler et de rédiger un projet complet : une déclaration d'intention, une rumeur, quelques petites phrases suffiront.

Reconnaissons que cette stratégie n'est pas très fine, elle n'exige aucune imagination, mais elle a l'avantage d'être d'une efficacité absolue. La gauche n'a rien d'autre à faire que de menacer l'école privée, la droite de s'en prendre à l'école publique, et la droite et la gauche peuvent, l'une comme l'autre, proposer un système de sélection à l'entrée de l'Université ou une transformation profonde de l'enseignement. Les résultats sont garantis.

Chacun sait combien les Français sont sensibles à ces sujets. Quelques souvenirs historiques : dans les années 1900, enseignement laïque contre enseignement confessionnel, la France a été au bord de la guerre civile. En 1924, le gouvernement du Cartel des gauches, celui d'Edouard Herriot, a dû reculer devant de monstrueuses manifestations catholiques.

En 1968, l'Université a flambé, entraînant la France entière dans la grève, au bord de la crise de régime : le général de Gaulle doit à ce record son départ un an plus tard. En 1984, faisant mine de s'attaquer à l'école libre, M. Mitterrand est arrivé à déclencher contre lui l'une des plus grosses manifestations de l'histoire de France, des centaines de milliers de gens à Versailles, des sondages qui s'effondrent. Pour son plus grand plaisir, il a dû battre lamentablement en retraite.

Décembre 1986 : pour avoir cherché à réformer l'enseignement supérieur, M. Chirac, alors Premier ministre de la première cohabitation, a chancelé devant des manifestations considérables et la mort d'un jeune homme, Malik Oussékine, poursuivi par la police du terrible M. Pasqua. Le ministre de l'Education nationale, se fermant avec courage toutes les issues, était allé jusqu'à déclarer avec beaucoup de lucidité : « S'il n'y a plus de projet, il n'y a plus de gouvernement. » Il n'y a plus eu de projet, il a failli ne plus y avoir de gouvernement. M. Chirac avait réuni toutes les conditions pour parvenir à ce résultat si rare : la capitulation en rase campagne.

Autre exemple que nos lecteurs ne doivent pas oublier : celui de M. Balladur. Le 16 décembre 1993 à cinq heures du matin – heure beaucoup trop tardive pour de vieilles personnes – la majorité de droite du Sénat poussée par le gouvernement vote l'abrogation de la loi Falloux, loi de paix scolaire qui remontait à plus d'un siècle, et qui autorisait les collectivités locales à financer sans retenue l'école libre, l'école des curés. L'affaire est admirablement menée, habilement provocante, comme un complot : imaginez ces sénateurs chauves qui, en pleine nuit, bouleversent sans prévenir le système scolaire de la France. Cinq heures du matin ! Heure géniale, heure du crime, l'heure où l'on fusille, celle où l'on guillotinait en se cachant, une heure de coup d'Etat, une heure de fêtard. La France entière comprend : mauvaise affaire en douce, mauvais plan dans le dos.

A l'époque, la gauche est encore engourdie par sa déroute électorale de mars 1993. Tous ses réflexes sont morts, tous sauf un, celui de la laïcité, ce sursaut venu du fond des âges, ce combat qui se confond avec la République. D'un coup, on retrouve la gauche aussi fraîche que sous Jules Ferry. Deux cent cinquante mille personnes descendent dans la rue, assez pour que l'on crie entre soi qu'on est un million. Le chiffre est symbolique, on ne résiste pas à ça. M. Balladur avait touché juste : perdu donc gagné. Il retire les deux tiers de son projet de loi. Nouvelle capitulation en rase campagne.

Cela n'était pas suffisant. Quelques mois plus tard, M. Balladur lancera l'affaire dite du Smic-jeune pour se mettre la jeunesse à dos et capituler derechef dans une campagne plus rase encore[1].

On sait que sous le gouvernement d'Alain Juppé, M. Bayrou, ministre de l'Education nationale et déjà responsable de l'histoire de la loi Falloux, voulait monter une nouvelle entreprise plus dangereuse encore, une réforme globale de l'enseignement, des maternelles à l'Université. Pris de court par la dissolution, il n'a pas eu le temps de la présenter de façon ordonnée et d'affaiblir par là M. Chirac.

Reste l'avenir. Sous le gouvernement de M. Jospin, M. Allègre, ministre de l'Education nationale, a pris dès le début ses précautions. Annonçant d'autres réformes de l'enseignement, il a déjà inquiété les personnels de l'énorme administration en proclamant avec beaucoup de diplomatie : « Il faut dégraisser le mammouth », phrase qui rappelle l'heureuse expression de M. Juppé sur la « mauvaise graisse » des fonctionnaires. Parlant de ses personnels, il lance les mots d'« armée rouge » et de « Gosplan », ce qui est toujours élégant lorsqu'on a des communistes dans le gouvernement. Dénonçant un peu plus tard un taux d'absentéisme de 12 % chez les enseignants (alors qu'en réalité celui-ci se monte à 6 %), il confirme son agressivité. Il s'en prend aussi aux congés formation des professeurs, les accusant sournoisement de paresse, et aux principes mêmes du recrutement et de la promotion. Les syndicats jugent ces provocations indignes et mènent plusieurs grèves. Les gaffes et l'ignorance préparent toujours les reculades et les défaites à venir. En cette matière comme en bien d'autres, il faut commencer par faire peur.

1. Cf. infra, « Des grands victoricides ».

DE L'ISOLEMENT

V. *S'interdire de gouverner*

Il n'est rien de pis qu'une bonne équipe, nombreuse et organisée. Jusqu'à présent les ministres avaient la regrettable habitude de s'entourer de collaborateurs dévoués, souvent mal payés, qui passaient quatorze heures par jour à traiter les différents problèmes et à suivre les dossiers. Cela se nomme un cabinet ministériel.

M. Chirac, qui avait été souvent au gouvernement et s'était attaché des dizaines d'adjoints et de conseillers, finit par comprendre ce que cette conformation avait de vicié.

Comme on l'a vu, un homme au pouvoir doit s'occuper de tout, et d'abord de ce qu'il connaît mal ou peu. Supposez qu'il travaille avec des conseillers compétents, chacun dans son domaine. Que de gaffes évitées, que de crises avortées, que d'ouvrage abattu, que d'avertissements judicieux, que de négociations abouties, que d'affaires réglées ! Plus question de continuer dans cette voie.

C'est pourquoi dès 1995 M. Chirac a déclaré : « Le fâcheux développement des cabinets ministériels, spécialité française, doit être impérativement supprimé. » Dans son entourage, on parle même de supprimer les cabinets tout court. Excellent dessein. Isolé, abandonné dans son bureau, ne sachant se retrouver dans sa paperasse, ignorant devant son courrier, coupé de ses fidèles seconds, le ministre restera seul face à l'administration. Incapable de comprendre et de faire exécuter les ordres, il s'en remettra aux fonctionnaires.

Or ceux-ci jouissent d'un important privilège : en place avant l'arrivée du ministre, ils le demeureront après lui. Ils conduisent depuis toujours une action lourde et résolue, bardés par les règlements, sans beaucoup de considération pour la réalité des choses, les malheurs de leurs concitoyens et les injonctions de ces gouvernements qui passent. M. Chirac a donc inventé l'ultime moyen de leur conférer une toute-puissance : ne plus les soumettre à une instance politique. L'administration elle-même ne joue pas directement au jeu de la défaite, mais elle en est souvent l'instrument.

Après la dissolution, M. Jospin fut saisi de jalousie. Etait-il judicieux d'abandonner à la droite un programme aussi victoricide ? Il prétendit d'abord réaliser ce que M. Chirac n'avait fait que rêver et demanda aussitôt à ses ministres de réduire au maximum l'effectif de leurs cabinets ministériels, fixa des plafonds et des quotas.

Concevez par exemple un ministre ou un secrétaire d'Etat à la Santé, l'une des administrations les plus grosses et les plus indispensables. Apprenez qu'on l'autorise à réunir huit collaborateurs, pas un de plus, et qu'on le contraint à en partager deux avec un autre ministre. Lorsqu'il se penche à la fenêtre de son couloir, il voit la *Cité des 4 000*. En effet, dans ce grand ensemble au style stalinien qui appartient aussi aux Affaires sociales, travaillent quatre mille fonctionnaires. Notre ministre se trouvera forcément démuni devant une telle armée, – ce qui, à n'en pas douter, est le but recherché.

Malheureusement, de mauvais avis finirent par convaincre M. Jospin d'augmenter le nombre des conseillers, mais seulement dans certains ministères. Là, on repartit en sens inverse. Le mouvement fut si considérable qu'un gouvernement dit resserré parvint à employer plus de quatre cent cinquante personnes dans les cabinets ministériels, soit cent de plus que chez M. Juppé. Cacophonie garantie, l'abondance aura le même effet que le vide.

M. Jospin prit cependant une mesure très utile : il interdit les conseillers officieux, ces hommes et ces femmes qui, n'étant pas fonctionnaires, se consacraient au service de la République pour des sommes dérisoires. Ne pouvant les empêcher de venir aider leur ministre, il exclut qu'ils figurassent dans la liste téléphonique du ministère. Si l'on n'évitait pas qu'ils travaillent clandestinement pour leur patron, au moins s'assurait-on que personne ne puisse les identifier ni les joindre.

Elargissons le débat et aggravons le propos. Comment, par qui est gérée la République française, ce gigantesque conglomérat d'élus, de fonctionnaires, de directions et sous-directions, d'entreprises publiques et semi-publiques comme il n'en existe aucun dans les autres pays développés ? Par un corps spécialisé d'administrateurs, longuement formés pour cela, théorie, pratique, stages prolongés sur le terrain des préfectures ou des petites et moyennes entreprises ; ces hommes connaissent les mécanismes et les détails, une cohorte d'intelligence et de savoir-faire que le monde entier nous envie, l'ENA, l'Ecole nationale d'administration.

Il vaudrait mieux confier la République à des gens peu ou mal préparés.

Droite et gauche, on songe à des interventions radicales. MM. Fabius et Madelin, qui connaissent bien l'ENA, parlent de supprimer l'Ecole sans annoncer par quoi ils la remplaceraient. Plus fort que M. Fabius, M. Madelin annonce le 13 mai 1997 dans *Le Val-de-Marne* : « L'Irlande a l'IRA, l'Espagne a l'ETA, l'Italie a la Mafia, la France a l'ENA. » Semblable phrase ne s'invente pas en fin de meeting, on sait qu'elle fut pesée et tournée dans ses intentions comme dans ses rimes.

Il était essentiel de traiter de fripons, de gangsters, de terroristes, les fonctionnaires éminents qui dirigent notre pays, surtout si l'on compte parmi eux MM. Chirac, Balladur, Juppé, Jospin, Rocard et quelques autres.

Dans la course à la défaite, la gauche peut-elle ici doubler la droite ?

DE L'ISOLEMENT

VI. *Oublier les anniversaires*

On accuse souvent les gouvernements de lasser le peuple par des commémorations et des cérémonies d'anniversaire trop fréquentes, de la Révolution française au centenaire de Louis Aragon. Nous conseillons au contraire d'oublier les références historiques. Brièvement, deux exemples :

a) faire sauter une bombe atomique pour le cinquantenaire de la bombe d'Hiroshima, comme l'a fait M. Chirac à l'été 1995. Le prestige de la France s'effondre au Japon, en Nouvelle-Zélande, en Australie, ses exportations aussi.

b) organiser un grand rassemblement de catholiques en France le 24 août, jour de la Saint-Barthélemy. Faire venir le pape pour l'occasion, embouteiller le pays entier, chanter partout. Les protestants seront furieux, les propos œcuméniques du Vatican dévalués, la laïcité de la République française mise à mal.

Par principe, même pour un bicentenaire, on ne fêtera jamais le souvenir de la nuit du 4 août 1789, date de l'abolition des privilèges, événement plus important que l'assaut d'une vieille prison presque vide, la Bastille, suivi d'une opération de spéculation immobilière très fâcheuse. Cela risquerait de servir la concorde nationale.

EXERCICES

I

Un premier ministre de droite décide de désorienter ses partisans. Parmi les propositions suivantes, indiquez celle qui vous paraît la meilleure :

a) Dire du bien des communistes chinois ;
b) Recevoir ou visiter Fidel Castro ;
c) Participer à une manifestation en faveur des sans-papiers ;
d) Critiquer la pensée unique et M. Alain Minc.

Corrigé :
Toutes les réponses sont bonnes.

Un Premier ministre socialiste décide de désorienter ses partisans. Parmi les propositions suivantes, indiquez celle qui vous paraît la meilleure :

a) Dire du bien des communistes chinois ;
b) Recevoir ou visiter Fidel Castro ;
c) Ne pas participer à une manifestation en faveur des sans-papiers ;
d) Ne pas critiquer la pensée unique et M. Alain Minc.

Corrigé :
Toutes les réponses sont bonnes.

II

Enrichissez les phrases suivantes en introduisant le mot exact qui manque.

1. « A Gardanne, le Parti socialiste n'a épaulé son candidat que du bout.......... » (*Le Monde*).
   a) de son argumentation ;
   b) de son épaule ;
   c) des lèvres.

Corrigé :
c) des lèvres.

2. « Alain Juppé a été sacrifié sur l'autel .... »
   a) du deuxième tour ;
   b) du salut électoral ;
   c) de la défaite.

Corrigé :
Si l'on en croit la presse, toutes les réponses sont bonnes et furent imprimées le même jour.

3. « M. Chirac est un magicien qui n'a pas d'autre .... dans son chapeau cabossé » (*Le Monde*).

a) épée ;
b) électeurs ;
c) lapin.

Corrigé :
c) lapin.

4. « Les dirigeants de la droite sont de vieux chevaux de retour qui .... au milieu du gué » (Jack Lang).

a) s'arrêtent ;
b) aboient ;
c) s'enlisent ;
d) se disputent.

Corrigé :
b) aboient.

5. « Le socialisme à la française, c'est la social-démocratie moins les .... »

a) finances publiques ;
b) syndicats ;
c) rocardiens.

Corrigé :
c) rocardiens.

III

Narration :

Relevez dans votre région, votre département, votre canton, votre commune, votre quartier ou votre village des cas de démoralisation de militants. Dites pourquoi. Développez de manière vivante et pittoresque. Imaginez, si la chose est possible, un discours capable de consoler ces malheureux

a) dans le style de la droite du RPR ;

b) dans le style de la gauche du Parti socialiste.

Soulignez par la suite les arguments communs.

DE LA DIVISION

DE LA DIVISION

I. *Comment perdre ses alliés*

Quand par mégarde, malchance ou erreur une famille politique l'emporte sur l'autre, c'est en général sous la forme d'une coalition de partis qu'elle parvient au pouvoir. Pour préparer les revers futurs, il convient donc de briser cette coalition, ce qui – on va le voir – ne s'avère pas aussi aisé qu'on pourrait le croire.

Vos alliés refusent souvent de vous abandonner en cours de route. Malgré les avanies que vous leur faites subir, ils s'accrochent. Ils ont partagé avec vous les mauvais jours au gouvernement, ce n'est pas pour vous laisser profiter seul d'une défaite qui se profile à l'horizon électoral ; ils exigent leur part d'impopularité et ne peuvent en toucher tous les bénéfices qu'en demeurant à vos côtés.

Pendant la campagne présidentielle de 1995, chiraquiens et balladuriens ne sont pas arrivés à se diviser à l'Assemblée nationale. M. Juppé, qui refusa de nommer des balladuriens dans son gouvernement, n'est pas parvenu à les faire voter contre lui. L'UDF, constamment humiliée par le RPR, n'a pas davantage pris ses distances.

Souvenons-nous que, malgré de multiples provocations, les communistes sont restés trois ans dans les ministères de M. Mauroy, dont chaque orientation les hérissait, et que les mêmes communistes tolèrent en 1998 la politique de M. Jospin sur l'Europe et les chômeurs. Les Verts manifestent dans la rue contre le gouvernement auquel ils participent, sans le quitter.

Il existe différentes méthodes pour contraindre peu à peu ses alliés à la rupture :

a) *Lors de la distribution des postes* : n'accorder à ses partenaires que des strapontins ; plus précisément les éloigner des ministères déterminants, de la présidence de l'Assemblée et de celle des commissions parlementaires. Ainsi M. Jospin n'a-t-il accordé aucun portefeuille important aux amis de Robert Hue, et caricaturant M. Mitterrand qui avait nommé un communiste aux Transports, a fini par accorder au PC ce même ministère. Il leur a concédé la Jeunesse, les Sports et le Tourisme, les gardant très loin des Finances, des Affaires étrangères, de la Défense. Il en résulte une rancœur et un climat de méfiance qui le jour venu devrait porter ses fruits.

b) *Au gouvernement* : leur faire appliquer une politique qu'ils condamnent. M. Jospin impose une ligne pro-européenne à ses alliés communistes, qui abominent le traité de Maastricht. Il les défie par des dénationalisations. Il les provoque en refusant les propositions de la CGT sur l'emploi et l'augmentation des salaires. Cela n'est pas suffisant, surtout au début, mais nourrit la division.

c) *Au Parlement* : coincer ses alliés par l'usage de l'article 49-3 de la Constitution et contraindre le partenaire à soutenir les textes de loi qui lui répugnent tout en le privant du droit de vote. On doit toujours encourager les procédures de vote bloqué, afin d'empêcher les alliés de faire passer leurs amendements.

Seule la conjugaison systématique de ces quatre méthodes finit par installer l'irritation, la grogne et la méfiance chez vos partenaires, qui décideront enfin de vous lâcher. Nous n'avons pas d'exemples récents, tant l'exercice est malaisé. Mais souhaitons à M. Jospin d'y parvenir avec M. Robert Hue et Mme Voynet comme M. Mitterrand a su réussir avec M. Marchais.

DE LA DIVISION

II. *Réchauffer des vipères en son sein*

La brouille entre amis de trois ans, de vingt ans, de trente ans et plus reste un puissant facteur de division à l'intérieur des partis et des plus hautes sphères de l'Etat.

En 1994 et 1995, M. Chirac a été abandonné par M. Balladur, dont il avait fait son proche collaborateur, son ministre d'Etat ministre des Finances et son confident attitré. M. Pasqua, mis en place et poussé par M. Chirac, a filé à son tour chez M. Balladur : double félonie.

Cette succession de querelles et de trahisons a eu les effets attendus : réunifier les socialistes lors de l'élection présidentielle de 1995 et les porter au pouvoir lors des législatives de 1997.

A gauche, on voit bien que M. Mitterrand, qui avait élevé M. Jospin au poste de premier secrétaire du PS, a eu de graves ennuis avec cet homme boudeur, le seul à réclamer le fameux « droit d'inventaire » sur l'action du président socialiste de 1981 à 1995. A tel point qu'à la dernière élection présidentielle M. Mitterrand n'a guère plus soutenu M. Jospin que le général de Gaulle n'avait appuyé Georges Pompidou en 1969.

Citons M. Giscard d'Estaing qui, dans le passé, sut

dresser contre lui MM. Chirac et Barre. « J'ai eu, confia-t-il un jour avec une certaine fierté, deux Premiers ministres : le premier m'a poignardé ; le second a piétiné mon cadavre. Mais il est vrai que je devais quelque chose au premier, alors que le second me doit tout. »

M. Chirac aujourd'hui s'est fait voler une partie de son pouvoir sur le RPR par M. Séguin, qui entend en profiter lors de la prochaine élection présidentielle.

Ainsi une manœuvre des plus classiques continue-t-elle à faire preuve d'une belle efficacité.

DE LA DIVISION

III. *La guerre des chefs*

Si l'on a réchauffé avec persévérance des vipères en son sein, on peut avantageusement se livrer à cet exercice fort rentable qui porte, comme une réminiscence des mœurs politiques gauloises, le beau nom de « guerre des chefs ».

Dans l'idéal, la guerre des chefs se joue à trois. S'il n'y a que deux partenaires, elle pourrait se confondre avec la concurrence normale que se livrent les grandes tendances politiques, et ne pas provoquer dans l'opinion toute la réprobation nécessaire à son succès.

Construite sur le principe des calamiteux triumvirats de la République romaine, les dissensions qui opposent MM. Chirac, Balladur et Séguin paraissent à cet égard un modèle du genre.

Encore faut-il que les principaux protagonistes respectent quelques règles essentielles :

a) La guerre des chefs ne doit pas apparaître comme l'expression d'un pluralisme classique et bénéfique pour la démocratie. Afin d'éviter cette erreur, il est recommandé qu'au moins deux des chefs en guerre se disputent avec âpreté le même courant politique sans que rien ne les différencie vraiment sur le fond. Voilà pourquoi il semble heureux qu'en 1995 MM. Chirac et Balladur se soient tous les deux présentés comme des partisans de l'Europe, s'efforçant d'enrôler dans leurs camps respectifs les troupes déboussolées du RPR. C'est encore mieux lorsque les trois chefs parviennent à camper ensemble sur les mêmes positions : le récent ralliement de M. Séguin aux idées européennes met en valeur le caractère personnel de la bataille au détriment de sa coloration doctrinale. Sinon les différentes tendances de l'opinion pourraient se reconnaître dans chacun des chefs, et l'on risquerait d'obtenir un résultat inverse à celui recherché, puisque cela reviendrait, comme on dit, à ratisser large.

En d'autres termes, *la guerre doit être violente, mais sur un territoire réduit.*

b) Les positions politiques des différents chefs doivent varier selon les besoins du moment, et les chefs eux-mêmes doivent savoir les échanger entre eux. Tour à tour faussement travaillistes ou faussement libéraux, partisans de la relance ou de l'austérité, MM. Chirac et Séguin ont su créer une confusion nécessaire, car il demeure indispensable que l'opinion ne puisse s'y retrouver.

c) Les retournements d'alliance doivent démontrer que la guerre est sans principe. On n'a pas oublié que M. Madelin fut l'allié de M. Chirac, puis celui de M. Séguin ; M. Pasqua celui de M. Chirac, puis celui de M. Séguin, enfin celui de M. Balladur. M. Bayrou changea de camp plusieurs fois. Le Parti républicain essaya toutes les combinaisons, et plusieurs en même temps.

MM. Balladur et Séguin s'unirent quelque temps contre M. Juppé après s'être combattus.

d) Les fausses réconciliations achèvent de donner à la guerre des chefs son caractère superficiel et délétère. Lors des élections législatives de 1997, l'ensemble des dirigeants de la droite s'est précipité sur les mêmes tribunes : cette rencontre ultime a entouré leur programme d'une atmosphère louche et peu crédible. Elle garantissait l'incapacité de la majorité sortante à mener une politique cohérente après 1997.

En cette matière les socialistes ont développé des images pauvres. Pris autrefois dans l'antagonisme qui opposait MM. Mitterrand et Rocard, ils ont répliqué avec courage en montrant une pittoresque guerre des sous-chefs : conflits entre grands mitterrandiens et petits mitterrandiens, jospinistes contre fabusiens, deloristes, chevènementistes et poperénistes (qui se nomment aujourd'hui mutinistes, du nom de Marie-Thérèse Mutin), relevés par l'adhésion de jeunes trotskistes historiquement armés – par tradition – pour les rixes de la défaite.

Là, quoique l'idéologie, hélas, s'en mêlât – comme trop souvent à gauche – MM. Jospin et Fabius se sont entre-nui avec mérite pendant plus de douze ans. Ils ont su sacrifier aux autres rites de la guerre des chefs, jusque dans cette fausse réconciliation de 1997, l'un à Matignon, l'autre à la présidence de l'Assemblée nationale, ce qui permet à moyen ou long terme d'espérer de jolis résultats.

La plus belle guerre des sous-chefs, nous la trouvons aujourd'hui à droite, et c'est querelle de famille. Les deux fils de Michel Debré se sont brouillés, l'un soutenant M. Chirac, l'autre M. Balladur. Les deux petits-fils du général de Gaulle appartiennent à des formations qui se font concurrence.

Debré contre Debré, de Gaulle contre de Gaulle, c'est amusant : nous avons les Atrides en minuscule.

EXERCICES

I

Retrouvez cette phrase de M. Chirac.

Corrigé :

Haie - douar - balle - A dur - Aymon - A mi - d'Otrante - han !

Edouard Balladur est mon ami de trente ans.

II

Voici une liste de personnages. Certains se détestent entre eux. Reliez-les par un trait.

J. Chirac

L. Fabius
M. Rocard
J.-P. Chevènement
J. Lang
R. Hue
M. Aubry
A. Madelin
J. Toubon
B. Lalonde
J. L. Debré
F. Bayrou
N. Sarkozy
M. Charasse

L. Jospin
J. Delors
C. Trautmann
Ph. Séguin
E. Balladur
D. Voynet
A. Juppé
R. Barre
B. Debré
F. Léotard
Ch. Pasqua
J. Tibéri
Ph. Douste-Blazy

V. Giscard

Corrigé page suivante.

Corrigé :

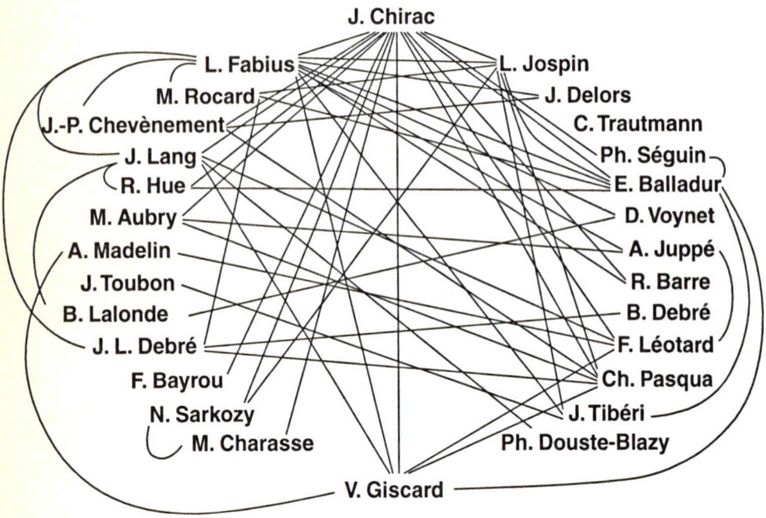

Remarquez l'étrange situation de Mme Trautmann. Dites pourquoi.

DU MENSONGE

DU MENSONGE

I. *Comment être pris en flagrant délit de mensonge*

Il est difficile de mentir en politique. Il ne suffit pas comme dans la vie courante de proférer des contrevérités qui seront par la suite identifiées comme telles par vos proches, vos compagnons de loisirs ou vos collègues de travail. Le citoyen oublie vite les propos des hommes politiques et quel en est l'auteur.

Qui se souvient qu'en 1995 M. Chirac voulait créer des « logements d'insertion » pour régler « d'urgence le cas des 700 000[1] personnes ne disposant pas d'un domicile fixe » ; qu'il jurait – « un devoir moral » – de « maintenir et garantir le pouvoir d'achat des retraites » ; qu'il avait pour objectif « l'affiliation automatique de chacun à la Sécurité sociale » ; qu'il soutenait l'idée d'un référendum sur l'Education nationale (mon Dieu, à quel propos !) et d'un deuxième référendum sur le traité de Maastricht.

1. Notez une fois de plus le chiffre magique de 700 000, dévolu de préférence aux catégories de population dans le besoin qu'on prétend sauver d'urgence.

Pour que le mensonge politique soit efficace, il est nécessaire de faire apparaître :

a) Que les affirmations de l'homme politique étaient fausses ;

b) Que l'homme politique a sciemment essayé de tromper ses concitoyens.

En d'autres termes, il convient d'être pris en flagrant délit de mensonge.

La première technique consiste à tenir des propos si évidemment contraires à la vérité que le public comprend immédiatement qu'on est en train de lui mentir.

En 1990, M. Balladur parle de la cohabitation à venir : « Le choix du Premier ministre de 1993 ne soulèverait pas de grandes difficultés dès lors qu'il serait décidé, dès le départ, qu'il ne serait pas candidat à l'élection présidentielle (...). Il est vrai que les intentions peuvent changer, les ambitions naître ou se révéler au grand jour. Il est vrai qu'en politique les engagements pris ne sont pas toujours tenus éternellement, qu'il est d'usage de ne pas leur accorder de crédit. »

Le 14 octobre de la même année, M. Balladur réaffirmait qu'il ne serait « pas candidat à l'élection présidentielle » de 1995. « Je ne vois pas comment un homme pourrait se présenter devant les Français en 1993, leur dire : “Je ne serai pas candidat dans deux ans”, et l'être. Ce serait manquer à sa parole. Et s'il l'était, on lui en tiendrait rigueur, et ce serait normal et justifié. »

M. Balladur fut candidat à l'élection présidentielle de

1995, la phrase passa et repassa sur toutes les chaînes de télévision, et, comme il l'avait prévu, on lui en tint rigueur : il fut battu.

On ne doit pas confondre le mensonge avec la mauvaise foi. Lorsque M. Rocard inventa la Contribution sociale généralisée (CSG) en 1990, M. Juppé fut catégorique : « Cet impôt de plus est un impôt de trop. » Formule travaillée. Or M. Juppé, après M. Balladur, adopta la CSG et l'augmenta terriblement, mais le propos critique était si lointain qu'il fut pris pour un accès de démagogie plutôt que pour une tromperie.

Un beau mensonge se construit. Le temps qui sépare l'énoncé de la révélation doit être suffisamment court pour que l'on n'oublie pas les détails de la fable, et suffisamment long pour que s'installe une polémique et que s'organise le suspense.

La meilleure démonstration nous en fut donnée par M. Bernard Tapie, en 1993, dans l'affaire dite OM-VA.

Le match entre l'Olympique de Marseille et Valenciennes avait-il été truqué ? Oui, avoue M. Boro Primorac, ancien entraîneur de Valenciennes. Celui-ci affirme qu'il a rencontré M. Tapie, alors président de l'Olympique de Marseille, le 17 juin 1993 à 15 heures, au siège du groupe Bernard Tapie Finances (BTF), avenue de Friedland à Paris. Admirons la précision dans l'heure et la géographie. Et là M. Tapie aurait proposé à M. Primorac de « porter le chapeau » en l'échange d'une forte somme d'argent, c'est-à-dire de déclarer devant la justice que Valenciennes avait tenté à l'avance de négocier un match nul. Cela se nomme « tentative de subornation de témoin ».

Faux, faux et archifaux, proteste avec éclat M. Tapie. Il n'a jamais rencontré M. Boro Primorac le 17 juin à 15 heures. Peut-il le démontrer sur le champ ? Pas question : M. Tapie ne conserve pas ses agendas, il les perd, les brûle, les lacère. Mais, ajoute-t-il, je vais prouver ma bonne foi et je réserve une *surprise*.

M. Tapie souligne son propos en comparant, lors d'une interview, les méthodes de la justice française à celles de la Gestapo. Indignation des magistrats, à qui M. Tapie est contraint de présenter ses regrets et ses excuses.

Trois semaines plus tard, voici la *surprise*. Il s'agit de M. Mellick, maire socialiste de Béthune, ancien ministre de la Mer et ancien secrétaire d'Etat à la Défense. M. Mellick déclare : « J'avais effectivement rendez-vous avec Bernard Tapie le 17 juin. Je suis arrivé sur place un peu après 14 h 30. M. Tapie nous a rejoints dix ou quinze minutes plus tard. (...) Notre réunion s'est achevée vers 15 h 30. Je n'ai jamais croisé M. Primorac. »

Qui a rencontré M. Tapie ? M. Primorac ou M. Mellick ? Les citoyens comprennent immédiatement qu'il existe dans l'aventure un personnage de trop. L'un dit la vérité, l'autre ment. L'opinion est ainsi préparée. Encore faut-il identifier le mensonge et le menteur.

Désormais les acteurs se doivent de monter le scénario. Avant toute explication, remettez-vous dans l'état d'esprit de l'époque et relisez les titres du fameux journal *Le Monde*.

• 1er août 1993 : « L'ancien ministre Jacques Mellick témoin-surprise de Bernard Tapie. »

• 4 août : « Le témoignage de M. Mellick comporterait d'importantes imprécisions. »

• 13 août : « Le témoignage de M. Mellick est remis en cause par une photo. »

• 14 août : « L'alibi fourni à Bernard Tapie par Jacques Mellick est contesté par les enquêteurs. »

• 15 août : « Le juge convoque M. Mellick pour lui demander de s'expliquer sur son emploi du temps du 17 juin. »

• 19 mars 1995 : « Jacques Mellick a été interpellé et placé en garde à vue. »

• 21 mars 1995 : « Jacques Mellick a avoué avoir fait un faux témoignage. »

Qu'était-il advenu ? Comme tous les bons menteurs, M. Mellick avait laissé des traces de son mensonge.

D'abord un ticket d'autoroute, puis une photo, publiée dans le numéro 25 de *Cap sur l'innovation*, une revue du Pas-de-Calais, qui prouvait que M. Mellick était bien à Béthune le 17 juin 1993 en début d'après-midi. On pouvait même lire l'heure sur la montre de l'un des participants. Point ! proclama-t-on, il s'agissait d'une vieille montre, un souvenir : elle est toujours arrêtée ! Personne n'y croit, tout le monde rigole.

Ensuite un calcul, qui démontrait que M. Mellick, pour figurer à la réception de Béthune et sur la photo, eût dû en quittant les bureaux parisiens de M. Tapie parcourir 227 kilomètres en 90 minutes. « Le maire le plus rapide de France. » S'il n'y avait pas mensonge, on pouvait constater un stupéfiant excès de vitesse.

Enfin les aveux angoissés de la secrétaire de M. Mellick, devant le tribunal et le sévère M. de Montgolfier :

« Je n'étais pas à Paris le 17 juin... J'ai menti... »

Et M. Mellick qui en rajoute encore : « Je suis d'abord un révolutionnaire !

— Seule la vérité est révolutionnaire », réplique M. de Montgolfier.

M. Mellick capitule, reconnaît son faux témoignage, M. Tapie se déconsidère, M. Mitterrand aussi qui – dans d'autres affaires – avait apporté son soutien à M. Tapie, jusqu'à en faire l'éloge en pleine garden-party de l'Elysée un 14 juillet. Tout s'écroule, le mensonge est démontré, la gauche est ébranlée, les complices et les prudents.

Résumé : le flagrant délit de mensonge suppose la bouffonnerie, la préméditation, un suspense bien monté, la qualité de la preuve. Depuis, nous avons eu une démonstration beaucoup plus brève mais tout aussi incontestable : M. Millon aux régionales de mars 1998 qui prétendait n'avoir eu aucune concertation avec le Front national lors de son élection à la présidence de Rhône-Alpes. Il a été aussitôt démenti par M. Gollnisch, l'ami de M. Le Pen, qui pour cette fois paraissait fort crédible.

D'autres démonstrations du même genre ne sauraient tarder.

DU MENSONGE

II. *Faut-il honorer ses promesses ?*

En matière de promesses électorales, deux écoles s'affrontent. Les uns pensent qu'il ne faut pas tenir ses promesses afin de passer pour un menteur. Comme on l'a vu dans le chapitre précédent, la mémoire très incertaine de l'électeur et la médiocrité de son information limitent l'efficacité de cette stratégie.

Pour d'autres, il convient d'appliquer scrupuleusement les programmes électoraux : ceux-ci contiennent tant de sottises que la politique qui s'en inspire conduira à une défaite assurée. Malheureusement les effets secondaires peuvent être redoutables. L'homme politique qui maintient avec énergie ses orientations contre les pressions de la réalité ne se construira pas une réputation d'intelligence, mais il risque de passer pour un homme de conviction. Or l'opinion préfère souvent la rigueur morale à la sagacité.

Ici encore l'esprit de système est dangereux. Il est des promesses qu'à l'évidence il convient d'oublier, d'autres qu'il convient de mettre en œuvre le plus tôt possible, d'autres enfin qu'il faut essayer de tenir dans une première étape pour les abandonner ensuite.

1. *Les promesses qu'il faut oublier.* Entrent dans cette catégorie toutes les mesures dont l'effet positif est rapide et concret, qui sont bien identifiées par les électeurs et susceptibles d'être accueillies avec faveur par l'opinion publique.

MM. Chirac et Juppé ont eu raison de ne pas réduire les prélèvements obligatoires, de les majorer contre toute annonce électorale [1] et de ne jamais toucher à la fracture sociale. Nous voyons là un artifice de qualité : inventer une notion, *la fracture sociale,* insister sur ce concept neuf et violent, afin que le peuple entier puisse nommer de la façon la plus nette un malaise confus, quelques désastres collectifs et personnels, chômage ou délinquance. Puis ne rien faire.

De son côté, M. Jospin a eu raison de manifester avec les ouvriers de Vilvorde, le 16 mars 1997, pour dénoncer la fermeture de cette usine Renault en Belgique. Trois jours avant sa victoire au second tour des législatives, M. Jospin répétait : si la gauche devait l'emporter, les représentants de l'Etat « exigeraient que d'autres mesures soient envisagées ». Aussitôt au pouvoir, M. Jospin laisse fermer l'usine, ce qui démontre aux Français, aux Belges et à l'Europe entière que la gauche ne tient pas ses engagements et qu'elle avait une vision irresponsable de l'industrie automobile.

Le 6 avril 1997, M. Jospin alors dans l'opposition avait exigé que l'on lève le secret-défense dans l'affaire des écoutes de l'Elysée : « Il faut en finir avec ce secret monarchique, avait-il dit, (...) quel que soit le président concerné. » Au pouvoir, M. Jospin maintient pour une large

1. Cf. « De l'incurie », chapitre I.

part le secret-défense. Nous ne saurons pas pourquoi M. Mitterrand écoutait Mlle Carole Bouquet et quelques autres.

Il était également judicieux de parler de la relance par la consommation, une idée que vous ne trouverez dans aucun manuel d'économie, keynésien ou anti-keynésien. Chacun perçoit, malgré quelques primes ou tripotages, que sous un gouvernement socialiste le pouvoir d'achat n'augmente pas en France et que le nombre des chômeurs démunis va croissant, alors qu'il baisse chaque mois dans l'économie haïssable et ultra-libérale des Etats-Unis.

2. *Les promesses qu'il faut mettre en œuvre le plus tôt possible.* Leur nombre est fatalement réduit ; on doit donc les choisir avec un soin particulier. Il faut retenir celles qui ont le minimum d'impact positif et le maximum d'effets négatifs à moyen terme. Comme elles s'imposent en début de mandat, elles empoisonnent ainsi de façon durable l'atmosphère politique, pèsent sur l'économie du pays et nourrissent des polémiques nombreuses et récurrentes.

Les nationalisations réalisées par la gauche au début du premier septennat de M. Mitterrand constituent une bonne application de ce principe stratégique.

Les nationalisations n'ont pas eu d'influence directe sur la vie quotidienne des Français. Même pour les salariés de ces entreprises, les bénéfices restèrent limités. Avec beaucoup de sagesse, le gouvernement s'est bien gardé de donner au personnel des entreprises nationalisées le seul avantage qu'il attendait : la garantie de l'emploi.

En revanche les nationalisations coûtent cher : dans un premier temps pour indemniser les anciens actionnaires, dans un second temps pour doter les nouvelles entreprises publiques du capital nécessaire à leur développement. Ainsi le budget de l'Etat est-il hypothéqué pour de nombreuses années. Enfin les nationalisations placent le gouvernement en première ligne chaque fois qu'il est nécessaire de fermer une usine ou de licencier une partie des salariés. Au total, un investissement très rentable en terme d'impopularité.

3. *Le vrai et le faux ni-ni, ou les promesses avec lesquelles il faut ruser pour ne pas être pris au sérieux.* Là encore M. Mitterrand exerça un talent inattendu et supérieur, qui allait marquer le socialisme français jusqu'à nos jours : il créa le *ni-ni.*

Qu'est-ce que le *ni-ni* ? Cela revenait à déclarer en 1988 qu'il n'y aurait plus ni nationalisations façon 1981-82, ni dénationalisations du genre 1986-87. Nous touchons là à l'idéologie sérieuse, c'est-à-dire au socialisme proprement dit.

La doctrine socialiste – que M. Mitterrand et à sa suite M. Jospin connaissaient parfaitement – est explicite : elle suppose qu'en abolissant la propriété privée des biens de production on progresse vers la société idéale.

Les socialistes devaient donc démontrer qu'ils ne croyaient pas aux vertus humaines, sociales, industrielles, économiques du socialisme.

M. Mitterrand en avait déjà apporté la preuve dès 1972 et 1977 en résistant aux communistes du programme commun, lesquels, avec logique, voulaient nationaliser l'ensemble de la banque, de la grosse industrie et du commerce, avec quelques arrière-pensées sur l'agriculture comme cela se pratiquait alors dans les démocraties populaires.

En créant le *ni-ni*, il indiquait :

a) Que la doctrine des nationalisations n'était pas si bonne qu'on aurait pu le croire, puisqu'il n'était pas question de revenir à la politique triomphante des années 81.

b) Que la doctrine libérale, appliquée en 1986 et 1987 par MM. Chirac et Balladur, avait ses torts, mais qu'elle n'était pas si mauvaise puisqu'on n'allait pas la remettre en cause.

c) En bref, cela revenait à dire : ma doctrine n'est *ni* bonne *ni* mauvaise. Il n'y avait plus de doctrine du tout, pas d'idées, pas de projets. A tout garder en l'état, on se laissait gouverner par les erreurs passées et le hasard des contre-folies imposées par la droite. Beau moyen de casser la dynamique industrielle et internationale de la France.

Tel fut le *vrai ni-ni*. M. Jospin, plus roublard, a conçu le *faux ni-ni*.

Il consiste, dans un premier temps, à clamer que l'on arrête les dénationalisations. Excellent : on se ruine. En renonçant à la vente authentique d'Air France, on pèse sur le budget de l'Etat, on contraint à la démission un haut fonctionnaire de qualité – M. Christian Blanc –, on s'assure grâce à un ministre communiste que l'entreprise nationale ne sera pas réformée, on la livre désarmée à la concurrence internationale et l'on se prépare de jolies grèves pour l'avenir. Risées et colères en Europe.

En d'autres domaines, le faux *ni-ni* devient le *et-et* selon le mot très satisfaisant du ministre de l'Economie et des Finances, M. Strauss-Kahn : « Ce n'est pas le *ni-ni* d'avant non plus, a expliqué le ministre le lundi 9 septembre 1997, c'est le *et-et* : le secteur public et le secteur privé... Le gouvernement n'a pas de doctrine absolue... »

Pas de doctrine ? Il fallait que cela se voie. C'est ainsi que le gouvernement de M. Jospin a engagé la privatisation de France Télécom, avec un succès tel qu'il ébranla l'idée socialiste jusque dans les cités ouvrières ; qu'il prévoit celle du GAN et du CIC, de Thomson-CSF ; qu'il envisage celle du Crédit Lyonnais, de l'Aérospatiale, de la Snecma et de quelques autres... Le deuxième *et* du *et-et* s'avère plus lourd que le premier.

Les discours électoraux du printemps 1997 sont là bien oubliés : plus de dénationalisations, disait-on à la télévision et dans les meetings. Le porte-parole de M. Jospin, M. Manuel Valls, trancha par une phrase très intelligente : « Il y a des propos de campagne et des propos d'après-campagne. » Cela rejoint, en l'inversant, une maxime importante de M. Pierre Mauroy, Premier ministre en 1983, qui annonçait avant des élections municipales perdues d'avance : « Il n'y a pas une politique pour avant les élections et une autre pour après. »

Avant les élections de 1983 il n'était pas question d'établir un plan de rigueur, aussitôt après le gouvernement pratique une sévérité économique brutale. Nous revenons, qu'on l'avoue avec la naïveté de ce M. Valls, qu'on le nie avec la conviction jouée de M. Pierre Mauroy, au flagrant délit de mensonge.

4. *Les promesses qu'ils ne faut pas tenir tout en les tenant.* Il s'agit d'un cas rare et subtil, qui permet de cumuler les inconvénients des deux solutions.

Comme toujours, un exemple : ici, celui des 35 heures.

On comprendra vite que l'intérêt du gouvernement relève en cette matière de l'idéologie. Nul calcul économique ne prouve que pareille mesure puisse créer des emplois. Les 39 heures de M. Mitterrand en 1981 n'ont pas fait reculer le chômage, au contraire. Les Français sont peu sensibles à la diminution du temps de travail, convaincus que si l'on réduit les horaires le patron leur demandera « d'en faire plus en moins de temps ». Finis les pipis de circonstance, les pauses-café, les bavettes dans les bureaux.

35 heures, l'idée fournit plusieurs mises en forme avantageuses entre lesquelles on peut choisir :

a) Le gouvernement tient sa promesse immédiatement, 35 heures payées 39, et c'est une catastrophe économique, le patronat furieux, les petites entreprises qui ferment, les licenciements. Les commentateurs ne sont pas sûrs que le Parti socialiste ait proposé une réforme aussi énergique, mais l'important c'est que l'opinion l'ait entendu ainsi.

b) Le gouvernement ne tient pas sa promesse, et il manifeste un condamnable esprit de revirement.

c) Le gouvernement tient la promesse à moitié, en programmant les 35 heures pour l'an 2000, le 1er juillet (pourquoi le 1er juillet, à la veille des vacances ?), ce qui a pour bénéfice d'exaspérer le patronat, de décevoir les syndicats tout en leur fournissant un thème de revendication permanent, de compromettre la reprise économique, d'encourager les licenciements, de freiner l'embauche et de ne rien résoudre du tout. Le gouvernement de M. Jospin s'est rallié – après une dispute interne – à cette dernière solution : voilà qui ne peut manquer de lever des embarras et des contrariétés dans les années qui viennent.

Résumé : ce qui est important dans la promesse c'est la promesse. Qu'il la tienne ou qu'il ne la tienne pas, le gouvernement sera compromis de toute façon.

*

*   *

Avant d'arriver au pouvoir, tous les candidats à la présidence de la République prétendent réduire le septennat à un simple quinquennat. Dès qu'ils sont élus, ils renoncent à cette mesure, ce qui précipite en général leur défaite aux élections législatives suivantes.

DU MENSONGE

III. *Ne jamais dire ce que l'on fait ; ne jamais faire ce que l'on dit*

Il existe deux techniques pour dissimuler son orientation politique. On doit les distinguer avec soin. La première consiste à dire que l'on suit la même politique alors que l'on vient d'en changer. La seconde est d'assurer que l'on a changé de politique alors que l'on poursuit toujours la même.

La gauche cultive avec bonheur la première méthode. Sans remonter trop loin, rappelons que M. Jospin fut autrefois l'inventeur d'une théorie ingénieuse, celle de la *parenthèse*. Qu'est-ce que la parenthèse ? Revenons à 1983. La franche politique socialiste de MM. Mitterrand et Mauroy avait mené l'économie au bord du désastre. Il avait fallu en inverser le cours, limiter les allocations de devises pour les Français partant à l'étranger, arrêter le recrutement des fonctionnaires, mettre fin à la stratégie de nationalisation, favoriser l'investissement privé, imposer un plan de rigueur qui contredisait point par point les élans de 1981.

Les socialistes auraient pu en tirer avantage : en avouant qu'ils avaient changé, ils eussent été crédités de leur réalisme. Pas question. M. Jospin nous a expliqué à l'époque qu'il ne s'agissait que d'une *parenthèse*, imposée par le malheur des temps et les astreintes de la situation économique. Dès que la situation reviendrait à la normale (quelle normale ?), le Parti socialiste retournerait à sa politique de 1981.

Avec la théorie de la *parenthèse*, la gauche avouait qu'elle n'avait rien compris. Si les socialistes avaient appris l'existence des lois économiques, ce n'était pas le produit de leur réflexion mais le résultat de la contrainte des faits. Comme on a pu l'observer, cette parenthèse ne s'est jamais refermée.

En 1997 et 1998, la gauche a pareillement refusé – contre toute évidence – d'avouer son évolution. Elle est obligée de privatiser, certes, mais elle ne prononcera jamais le mot scandaleux de privatisation : on dira « ouverture de capital » ou « adaptation de capital ». M. Jean-Claude Gayssot, ministre communiste, déclare dans *L'Humanité* : « Ni privatisations, ni *statu quo.* » Expliquez ce que veut dire l'abandon du *statu quo* pour une société nationale qui ouvre son capital ? Le secrétaire d'Etat à l'Industrie explique qu'il veut faire de la Poste « un service public à l'esprit d'entreprise ». Là encore une plaisanterie. Plus drôle encore : le ministre de l'Economie et des Finances modifie le nom de la Commission de la privatisation. Celle-ci devient la Commission d'évaluation des participations et des transferts. Le ridicule doit toujours couvrir la dissimulation : c'est ainsi que se manifeste la mauvaise foi.

La seconde technique consiste à dire que l'on a changé de politique alors que l'on continue la même. C'est la méthode de MM. Chirac et Juppé, qui ont bravement suivi la trace de M. Balladur, lequel, criant à la réforme, avait néanmoins tenu la ligne de M. Bérégovoy, qui lui-même, malgré ses références au socialisme, avait imité M. Raymond Barre.

Ces faux changements n'impressionnent pas les citoyens, qui le manifestent avec bonheur lors de chaque élection.

EXERCICES

I

Témoignage capital : pour vous disculper, un ancien ministre affirme qu'il était dans votre bureau parisien à 14 h 30. Or un habitant de Béthune a croisé le témoin dans cette ville à 14 h 40. En sachant que la voiture de votre alibi – une Renault 25 TX – quitte l'avenue Marceau à 14 h 32, traverse la place de l'Etoile, rejoint le périphérique, emprunte l'autoroute du Nord un peu chargée après la porte de La Chapelle, franchit le péage sans trace et sans payer, et parvient à la mairie de Béthune à 14 h 38, à quelle vitesse le témoin a-t-il parcouru les deux cent dix kilomètres qui séparent Paris de Béthune ?

a) 180 km/h
b) 1 500 km/h
c) 2 387 km/h

Corrigé :
b) 1 500 km/h.

II

Retrouvez le principe des socialistes sur les nationalisations et les dénationalisations.

Corrigé :

Mont - pro - gramme - sot scie A - liste - sel - œufs - faux - nid - nid.

Mon programme socialiste, c'est le faux ni-ni.

III

Lisez attentivement le texte suivant :

« Depuis un demi-siècle, la société française n'avait pas connu pareille situation. L'extension du chômage, la dégradation du pouvoir d'achat, l'envol des prix, le démantèlement des industries de base, les atteintes à la Sécurité sociale, la crise des services publics, les attaques multipliées contre les libertés, le malaise social généralisé forment un tableau qui contraste avec (...) la fatuité des gouvernants.

« Depuis l'élection de ...., l'avenir est en panne. Production, investissement, recherche, natalité, tout stagne ou régresse. »

1. De quelle élection s'agit-il ?
2. Ce texte est extrait :
   a) d'un discours de M. Chirac ;
   b) du livre de M. Giscard d'Estaing *Deux Français sur trois* ;
   c) de l'éditorial de *L'Humanité* du 10 février 1997 ;
   d) de l'éditorial de *Faits et Arguments*, revue de M. Raymond Barre ;
   e) de *Ma Part de vérité* de M. François Mitterrand ;
   f) du *Projet socialiste* de 1979 ;
   g) du programme socialiste de 1997 ;
   h) de *Etre Révolutionnaire, aujourd'hui et demain* d'Alain Krivine.

Corrigé :

1. Election de M. Giscard d'Estaing en 1974.
2. *Le Projet socialiste pour la France des années 80*, Club Socialiste du livre, 1979, p.18.

DE LA POPULARITÉ

DE LA POPULARITÉ

I. *Faire le mariole*

Là encore, l'exercice n'est pas aussi facile qu'il pourrait sembler, mais il reste très profitable pour ébranler une popularité. Il suffit d'avoir des idées.

M. Mitterrand, par exemple, a régulièrement fleuri la tombe du maréchal Pétain tous les 11 novembre au nom de la République française, à côté des gerbes de M. Le Pen et des associations de la collaboration. Personne ne s'en apercevait. M. Mitterrand l'a fait remarquer. Sous la critique il a persisté et, en 1992, a fait déposer sa gerbe à la nuit tombante, ce qui montrait :

a) Qu'il tenait à sa provocation ;

b) Qu'il opérait à la sauvette, ce qui est une façon supplémentaire de se faire poursuivre par la presse.

A la fin de sa vie, le même M. Mitterrand, qui avait toujours nié être décoré de la francisque, a reconnu devant M. Pierre Péan qu'il était titulaire de cet ordre rare et, ravi d'avoir roulé son monde, s'est débrouillé pour que l'on publie la photo de sa rencontre avec le Maréchal.

Dans un registre mineur mais intelligent, un ministre de la Culture a organisé une fête privée de trois cents personnes à Versailles, anniversaire de qualité pour une personnalité de gauche. Par malheur cette aventure royale ne suffit pas à faire tomber le ministre.

N'oubliez pas, en 1994, la candidature de M. Jack Lang à l'élection présidentielle, candidature préparée par M. Bernard Tapie, soutenue en douce par M. Mitterrand, appuyée par M. Mélanchon et d'anciens trotskistes, gauche dure du PS, encouragée par Laurent Fabius et montée pour la propagande par Jacques Séguéla. Cela évita bien sûr à M. Jack Lang d'être ministre en 1997.

Toujours à gauche, nous avons, vers la même époque, assisté à un remarquable numéro du sourcilleux M. Emmanuelli. A *L'Heure de vérité* sur France 2, on lui demande s'il va lui aussi se présenter à l'élection présidentielle. « Moi, répond le Sourcilleux, j'ai un certificat qui m'a été fourni par des psychiatres, qu'éventuellement je ferai tamponner par le Vatican. Mais bon, je ne suis pas candidat. » Moins de quatre mois plus tard, il est candidat à la candidature, ce qui laisse supposer :

a) Qu'il est sorti de tout bon sens ;

b) Que son cas est grave, puisque – au-delà des psychiatres – on ne voit pas ce que le Vatican vient faire dans cette histoire.

Passons à droite, toujours lors de la dernière campagne présidentielle. M. Balladur, ce garçon si correct, avait déjà pris le métro quand il était Premier ministre. Pour lui, c'était déjà faire le mariole, surtout au moment où il avait déclaré avec étonnement : « Tiens, il fait chaud. » Mais le voilà candidat à la présidence de la République, et qui monte en pleine réunion sur une table. On applaudit, on se gausse : le geste était aussi spectaculaire que celui de M. Eltsine grimpant sur un char lors du putsch de Moscou. Entraînés par cet héroïsme, les jeunes balladuriens, oui, les jeunes balladuriens le surnomment Doudou. Et comme ils sont malins, ces militants d'un soir, ils se présentent vêtus de T-shirts qui parodient avec audace le slogan de la marque Nike : « *Just do it.* »

Cela devient – remarquez comme c'est drôle – « *Just doudou it* ».

Cependant, il y avait un problème : habitués aux chemises-cravates ou aux chemisiers bien serrés sous le cou, les jeunes balladuriens et balladuriennes ne savent pas mettre un T-shirt. Ce coton délicieux qui colle à la peau nue sur la poitrine des garçons, sur les seins des filles, cela pourrait être érotique. Alors les jeunes balladuriens et balladuriennes enfilent le vêtement coquin *par-dessus* leurs chemises-cravates et leurs chemisiers. Toute la France le remarque à la télévision. En matière de défaite, il n'y a rien de mieux que le populisme raté.

Reste un épisode, et celui-là concerne encore ce bon M. Balladur.

Le samedi 25 mars 1995, notre Premier ministre candidat part pour les Bouches-du-Rhône. Brouillard, avion dérouté, hélicoptères aveugles, le Puma est impuissant, l'Alouette bloquée, l'Ecureuil de la Sécurité civile renonce. M. Balladur se retrouve abandonné sur un terrain de sport. Courageux, il fait du stop.

Par bonheur, c'est une Mercedes qui s'arrête et non point l'une de ces petites voitures en mauvais état qui traversent les provinces et que le gouvernement de l'époque rachète pour 5000 francs en échange d'une voiture neuve. La conductrice reconnaît M. Balladur, abandonne chiens et mari au bord de la route et charge le candidat avec son entourage.

M. Balladur est enchanté. Il raconte son aventure à toute la presse : « Ce n'est pas la première fois que je fais du stop. » Les journalistes se gardent de lui demander le récit de ses autres exploits. De lui-même, il ajoute : « Il faut toujours savoir prendre des risques. »

Malheureusement, ou plutôt heureusement, on apprendra plus tard que cette brave femme n'était point passée par hasard sur cette route, qu'elle avait été sollicitée d'urgence par un collaborateur de M. Balladur avec lequel elle entretenait des liens de famille. La presse et les radios se gondolent. M. Balladur, que l'on croirait si sérieux, sait *vraiment faire le mariole.*

DE LA POPULARITÉ

II. *Faire le mariole (suite)*

La manœuvre peut également s'appliquer à la politique économique : cela relève d'un art exceptionnel. En 1995, à peine au pouvoir, M. Juppé modifie le mode de calcul du chômage, élimine ainsi trois cent mille personnes des listes maudites. Mais en août 1995, avec sa nouvelle méthode de comptage, le nombre des demandeurs d'emploi se remet à grimper, alors qu'avec l'ancienne il aurait continué à baisser – ce qu'il faisait depuis dix mois.

Double avantage :

a) La modification laisse supposer une manipulation peu honnête ;

b) La politique économique du Premier ministre semble alors plus désastreuse (voir plus haut).

Le chômage qui monte, le chômage qui baisse, cette méthode de comptage sert et dessert aujourd'hui encore M. Jospin et Mme Martine Aubry : personne n'y comprend rien et le gouvernement donne toujours l'impression de tricher ou de se tromper.

DE LA POPULARITÉ

III. *Faire le mariole (encore)*

Le 2 février 1981, M. Robert Hue, maire communiste de Montigny-les-Cormeilles (Val-d'Oise), crée un « comité de vigilance anti-drogue ». Le 7, un tract de la Jeunesse communiste du Val-d'Oise accuse nommément une famille marocaine de trafic de stupéfiants. Cet élégant procédé est hautement revendiqué par le PCF et son secrétaire général de l'époque, M. Marchais. Le 20 février, celui-ci apporte son soutien à M. Hue au cours d'une réunion électorale. La date est particulièrement bien choisie : la veille, la police a découvert des stupéfiants au domicile de la famille algérienne qui avait accusé la famille marocaine de trafic.

Malgré cet effort méritoire pour se discréditer à gauche, M. Robert Hue a cependant été nommé secrétaire national du Parti communiste français quelques années plus tard. La tactique était excellente, mais prématurée.

Il ne suffit pas de faire le mariole lorsque l'occasion se présente. Encore faut-il avoir une stratégie.

DE LA POPULARITÉ

IV. *Changer de nom pour qu'on ne puisse plus vous identifier*

Il n'est rien de pire qu'un électeur fidèle qui entre dans un bureau de vote avec une ferme détermination. Moi, je vote socialiste depuis toujours, pense l'électeur, ou communiste, ou gaulliste, ou libéral, ou démocrate-chrétien. Il a bien compris les affiches de la campagne, a vu ses candidats à la télévision, choisit son bulletin sans hésitation et crac ! voilà des malheureux qui se retrouvent au pouvoir.

Dans le monde moderne, les partis ont pris conscience de ce danger. Il est essentiel que l'électeur *n'y voie goutte.* C'est pourquoi les formations politiques changent d'appellation et de sigle à tout instant.

Savez-vous comment se nomme un libéral aujourd'hui, ou un démocrate-chrétien ? Savez-vous ce qu'est un UDF-DL ? un UDF-FD ? un UDF-AD ? Savez-vous qui est le président de DL, c'est-à-dire de Démocratie libérale ? celui de FD, c'est-à-dire de Force démocrate ? Dans le premier cas – nous avons tort de vous le dire – c'est M. Alain Madelin, dans le deuxième M. François Bayrou, héritiers pour l'un du Parti républicain et pour l'autre de ce CDS qui fut le MRP. AD veut dire adhérent direct : l'espèce est exceptionnelle. Quant à l'UDF elle-même, elle risque prochainement de changer de nom.

Les Radicaux de gauche se sont montrés très inventifs dans cette théorie du brouillard. Autrefois ils se nommaient trop simplement Mouvement des Radicaux de gauche et chacun comprenait qu'à la différence des Radicaux de droite ils préféraient la fréquentation de M. Mitterrand à celle de M. Giscard d'Estaing. Personne ne les embêtait mais sous l'impulsion de M. Bernard Tapie ils changent de nom et se baptisent Radical. Déjà l'on tremble : en quoi ces notables du Midi, ces élus ficelés au Parti socialiste pourraient-ils être *radicaux* ? Que veulent-ils transformer *jusqu'à la racine* – car telle est l'origine du terme – ; quelques historiens prennent peur car ils se souviennent de la phrase de Karl Marx : « Chez l'homme, la racine c'est l'homme lui-même. » Un frisson de goulag et d'homme nouveau. Nul souci, nul péril, sauf une affaire juridique : le vieux parti radical valoisien, le Parti républicain radical et radical-socialiste, rallié à la droite jusqu'à en disparaître, trouve encore la force de protester et de les poursuivre devant les tribunaux. « Ah non ! Radical, c'est nous ! » Radical perd son procès. Il se présente donc, malgré l'involontaire défection de M. Bernard Tapie, comme le Parti radical-socialiste. Après avoir vécu sous la menace, pauvre PRS, d'un deuxième procès qui lui ôterait encore son nom, le voilà maintenant dénommé PRG, Parti radical de gauche.

Est-ce pour cela qu'à l'Assemblée nationale il a mêlé la lettre R à celle du Mouvement des Citoyens (C) et des Verts (V) ce qui donne RCV, effrayant mélange de chevènementistes nationalistes anti-européens et pro-irakiens, d'écologistes résolus et pro-européens et de radicaux qui ne savent même plus si on doit les saluer ainsi. « Bonjour, Monsieur le député, quel est votre groupe ? » – « Je suis RDV... heu... RVC..., enfin, vous trouverez bien. »

A propos d'écologistes, devinez comment se désigne le nouveau mouvement de M. Antoine Waechter ? D'abord, il n'appartient plus à M. Antoine Waechter, mais à Mme Geneviève Anduzea, bien connue des masses. Ensuite, il s'agit du MEI, mais oui, vous savez bien, le Mouvement écologique indépendant. Indépendant de quoi ? De tous les autres mouvements écologiques bien sûr.

Restons sur l'indépendance. Connaissez-vous la Droite indépendante ? C'est une alliance passée entre le Mouvement pour la France (MPF) de M. Philippe de Villiers – ne pas confondre avec Gérard – et le Centre national des indépendants et paysans (CNIP) de M. Olivier d'Ormesson – ne pas confondre avec Jean.

M. Séguin voulait avec raison changer le nom du RPR. Fallait-il l'appeler le Rassemblement tout court ? Il eut été excellent d'abandonner la référence à la République. Pour le sigle, c'était mieux encore : le R. Vous imaginez un militant : « Hier, je suis allé à un meeting du R ! » D'autres victoricides ont proposé de le rebaptiser RPF, comme l'organisation gaulliste et droitière qui s'effondra dans les années 50, l'une des plus belles débâcles politiques de la IVe République. Malheureusement une moitié des délégués n'a pas compris tout l'avantage que le mouvement pouvait tirer de cette mutation onomastique et le RPR est pour l'instant demeuré RPR.

La Ligue communiste révolutionnaire de M. Alain Krivine (LCR), déjà difficile à distinguer au milieu des sigles et des querelles trotskistes, a tenté une opération semblable : supprimer le mot « communiste », se nommer Gauche démocratique et révolutionnaire (GDR). Là encore, les militants ont renoncé à tort. Mais la Ligue a abandonné l'usage des pseudonymes imposés aux adhérents. Bonne idée : comme cela, les trotskistes ne vont plus se reconnaître entre eux.

Le Parti communiste français a lui aussi rêvé de modifier son intitulé. M. Jacques Séguéla a offert à M. Robert Hue son « cœur à gauche » pour chercher une autre formule. Nous ne possédons pas les carnets du grand publicitaire, qui a certainement trouvé quelques compositions admirables, du genre Parti du chêne, du mélèze ou de l'olivier, ou Force démocratique (ce qui aurait créé une confusion heureuse avec Force démocrate des anciens démocrates-chrétiens de M. François Bayrou). Là, il faut reconnaître que les communistes ont eu raison de refuser toutes ces propositions : le drapeau du communisme et l'Internationale ont couvert l'agonie de 60 ou 80 millions de morts. Il serait stupide d'abandonner un héritage aussi effrayant.

Les syndicats s'y mettent eux aussi. Autrefois, on connaissait la FEN, Fédération de l'Education nationale, qui rassemblait tous les enseignants à l'exception de quelques catholiques. La FEN éclate. Il en sort une FSU, Fédération syndicale unitaire. Plus on est divisé, plus il convient de se dire unifié ou unitaire. FSU, cela rappelle vaguement le PSU, Parti socialiste unifié des années 60, issu de quatre scissions et de trois rassemblements, le parti le plus morcelé de l'histoire de France, des dizaines de tendances, et qui en mourut. Mais il est chic d'affirmer : « Dans ma jeunesse, j'étais au PSU. »

N'en restons pas aux sigles. Tout peut se compliquer. Autrefois les symboles étaient simples. La faucille et le marteau désignaient l'alliance des paysans et des ouvriers. Les trois flèches de la SFIO, l'ancien parti de Jean Jaurès et de Léon Blum, affirmaient une identité : la première contre le capitalisme, la deuxième contre le cléricalisme et la troisième contre le militarisme.

Avec le poing à la rose, la symbolique devint plus compliquée : pourquoi les socialistes voulaient-ils prendre à pleine main ces épines ?

Désormais, nos deux partis de gauche commencent à abandonner ces dessins encore explicites.

Le RPR reste trop clair : ce petit bonnet phrygien avec une croix de Lorraine manifeste de bonnes intentions. Il conviendrait d'en changer.

Trouvaille : le nouveau logo de Démocratie libérale est admirable. Un dauphin ! Vous avez déjà oublié que Démocratie libérale est le nouveau nom du Parti républicain dirigé par M. Alain Madelin. Qu'importe. Ce dauphin – que vous n'avez jamais vu – est chargé d'émotion. L'électeur cette fois-ci ne s'y retrouvera pas. L'animal fait parti des espèces protégées et parfois suicidaires : telle est probablement l'intention des auteurs du logo. Il garde un fumet de royalisme, même si le Dauphiné et Grenoble n'ont rien à voir avec cette création. On peut lui trouver un côté *new age*, mode dépassée, la déraison et les incantations de bord de mer. Pour les plus anciens d'entre nous, il rappelle une version latine de Pline, trois contresens, deux non-sens, une mauvaise note et un singe qui prenait

Le Pirée pour un homme. Chers victoricides, bravo pour le dauphin.

La politique a corrompu le grand capitalisme, alors qu'on aurait pu croire l'inverse. La Générale des Eaux se nomme désormais Vivendi. Que va faire La Lyonnaise des Eaux ?

Nous avons dans ce chapitre conseillé la division. Une fois de plus, pas de doctrine : l'unité absurde peut à l'inverse se montrer efficace. Un rapprochement entre M. Tibéri, menacé pour ses histoires à la mairie de Paris, et M. Séguin, qui prend un ton populiste, desservira l'un comme l'autre.

Chez les socialistes, les conseillers ont piqué un mot à la grammaire de leur enfance, aux sociologues et à une collection des éditions Hachette. C'est le mot *pluriel*, transformé en adjectif par la mauvaise sociologie des années 60. Nous avons la « gauche plurielle », la « majorité plurielle », des « effets gauche plurielle », et même des « déjeuners pluriels fortement médiatisés ».

« La majorité plurielle reste fragile », déclare la ministre écologiste Mme Voynet. Les « ministres pluriels » tiennent à « marquer leur différence ».

Il n'échappe à personne que le mot *pluriel* cache une chamaillerie et que M. Lionel Jospin a bien du mal à gérer son « gouvernement pluriel ».

L'expression paraît si efficace que chacun en revendique la paternité. C'est nous qui avons inventé le terme pluriel, dit le PC. Pas du tout, c'est nous, proteste une dissidence de l'écologie.

Il est indispensable de paraître unis quand on ne l'est pas, de se désunir quand on est en gros d'accord, et de se disputer pour le vocabulaire afin que nul ne s'y retrouve.

DE LA POPULARITÉ

V. *Frapper les riches, exonérer les pauvres*

Selon un mythe tenace, les gouvernements qui augmentent les impôts des plus pauvres, ou qui restreignent leur protection sociale et leurs allocations, finissent par perdre les élections. Faux : ce n'est pas en matraquant les démunis que l'on donne le sentiment que la pression fiscale s'accroît ou que les prestations diminuent dans des proportions intolérables. D'abord parce que les pauvres sont les plus nombreux : le revenu que l'on ôte à chaque individu n'est pas spectaculaire, et l'opinion ne s'en indignera pas. Ensuite parce que les pauvres, frappés à domicile – et non sur leurs lieux de travail où ils pourraient faire appel à leurs syndicats – n'ont guère la possibilité de protester avec vigueur. En revanche, dès que l'on frappe les riches, même modérément, ils donnent de la voix avec une véhémence qui avertit immédiatement l'ensemble des citoyens.

Mme Martine Aubry appliqua ce principe avec audace : en plafonnant les allocations familiales pour les couples dont le revenu dépasse 25 000 francs par mois pour deux enfants et en réduisant l'aide ménagère pour les cadres supérieurs et moyens, elle pénalisait environ

350 000 familles. Celles-là firent un tel bruit que la France entière se sentit agressée, y compris et surtout les pauvres auxquels on ne prenait rien.

La gauche parvint ainsi à donner l'impression qu'elle détestait la notion même de famille. On cita quelques cas où des individus allaient perdre 5 000 francs par mois. On proclama que M. Jospin et Mme Aubry allaient, par un effet pervers ou volontaire, renvoyer les mères laborieuses au foyer, favoriser le travail au noir, dévaloriser l'emploi domestique, faire licencier de malheureuses femmes de ménage et jeter les marmots dans la rue.

Il convient donc de faire payer les riches et d'exonérer les pauvres pour affaiblir un gouvernement et si possible le contraindre à reculer.

Le slogan lui-même – « faire payer les riches » – accompagne avec bonheur la manœuvre politique. Chacun adhère à ce slogan jusqu'au jour où il se rend compte que le riche, c'est lui. A la fureur de voir ses revenus amputés s'ajoute le sentiment d'avoir été trompé.

DE LA POPULARITÉ

VI. *S'occuper de tout*

L'Etat doit se mêler de tout, comme cela les gouvernants seront responsables de tout. Enfin pas vraiment. Ils seront responsables de ce qui ne marche pas. Les réussites, elles, seront naturellement revendiquées par leurs véritables auteurs.

Voilà pourquoi les ministres doivent être tenus pour coupables de la mauvaise marche de l'économie, des grèves, des licenciements, des crises, des mutations, accablés par ce que l'on nomme la mondialisation.

Il est recommandé qu'ils se préoccupent en outre de ce qui ne les regarde pas, le marché de l'art par exemple. Formidable qu'une ministre de la Culture prétende faire remonter les cours de la peinture française. Au premier mauvais tableau, on la montrera du doigt.

DE LA POPULARITÉ

VII. *Se brouiller avec la presse*

Il est si naturel et si simple de se brouiller avec la presse que tous les présidents et les gouvernements de la Ve République ont pratiqué cet exercice avec talent. Le caractère élémentaire de la démarche ne doit pas conduire à la mépriser ou à la négliger.

Pour mener cette stratégie avec la vigueur nécessaire, il faut se convaincre que la presse dans son ensemble est hostile au gouvernement et nourrir une paranoïa à l'égard des journalistes. C'est ainsi que l'on se met à attaquer la presse avec la bonne conscience qui fait les grands politiques.

Le général de Gaulle et M. Pompidou se persuadèrent que la presse était acquise à l'opposition ; M. Giscard d'Estaing estima que tous les journalistes possédaient leur carte du Parti socialiste ; MM. Mauroy, Fabius, Bérégovoy et Mitterrand pensèrent que tous les journaux appartenaient au groupe Hersant. M. Chirac crut qu'il était maltraité par les chaînes de télévision publiques. M. Jospin est convaincu que *Le Monde* est aux mains de trotskistes qui lui sont hostiles.

Les pouvoirs peuvent également mener des actions parallèles. M. Mitterrand, en mettant des journalistes sur écoutes, s'est attiré des haines définitives. A la mort de M. Bérégovoy, il a traité les journalistes de « chiens », alors qu'on les créditait en général d'une certaine discrétion sur les affaires de l'ancien Premier ministre. M. Chirac a innové en 1997 en expédiant une lettre à quatorze quotidiens régionaux finement sélectionnés, ce qui eut pour conséquence d'exclure tous les autres. Les éditorialistes des feuilles délaissées, furieux, ont aussitôt dénigré les propos du président de la République.

M. Tapie, plus direct, jetait les caméras de télévision à la mer.

La presse elle-même peut se brouiller avec la presse : M. Poivre d'Arvor et son frère ont boxé un photographe et lui ont déchiré son titre de noblesse, la fameuse carte d'identité des journalistes professionnels. Depuis cet incident, on remarquera que la carte est plastifiée et insécable.

Lorsque l'homme politique s'est bien persuadé que la presse lui veut du mal, il peut passer à l'attaque. Les journalistes deviennent alors responsables de tous les échecs politiques du pouvoir, de toutes les crises internationales et de tous les problèmes de société. Il n'est pas jusqu'aux catastrophes naturelles qui ne relèveraient de leur action maléfique. Naturellement la presse se défend. Cela confirme son hostilité au pouvoir et justifie des assauts redoublés.

Dans une seconde étape, il convient d'intervenir directement dans les rédactions, d'indiquer aux journalistes ce qu'ils doivent écrire ou dire. Ces manières sont particulièrement appréciées ; qu'ils cèdent ou qu'ils résistent, les journalistes en garderont une rancune qui se manifestera opportunément le jour venu.

Le pouvoir politique réservera toute sa sévérité aux journaux qui le soutiennent. Dans une première étape, il doit considérer que ces journaux qui essaient bon an mal an de plaider sa cause lui sont en fait hostiles. Il peut ensuite les faire racheter par des amis politiques afin de mettre leurs rédactions au pas. C'est ainsi qu'en 1995 M. Chirac fit reprendre *L'Express* par un consortium néo-gaulliste. L'hebdomadaire, jusque-là assez neutre, s'en est donc pris violemment à M. Juppé et a pu contribuer à la défaite législative : il vaut mieux être attaqué par ses partisans retournés que par ses adversaires de toujours.

Ces opérations présentent de nombreux avantages :

a) Les journaux d'opposition trouvent une raison supplémentaire pour persévérer dans leur attitude. Ils évitent ainsi la menace du rachat. De même, les journaux hésitants sont vivement incités à basculer dans l'opposition.

b) Les journaux rachetés paraissent inféodés au pouvoir, ils perdent de nombreux lecteurs qui vont renforcer la presse d'opposition.

c) Les journalistes licenciés, qui bénéficient d'indemnités ruineuses, se répandent dans les rédactions pour dire tout le bien qu'ils pensent de ces manipulations.

d) Les journalistes restés à leur poste, contraints d'effectuer sur ordre un travail qu'ils exécutaient autrefois volontairement, remplissent sans conviction une mission qu'ils accomplissaient avec zèle auparavant.

DE LA POPULARITÉ

VIII. *Réveiller les intellectuels de gauche silencieux*

Vous savez que depuis la mort de Sartre les intellectuels de gauche, à de rares exceptions, ne prennent plus la parole. De nos jours, sauf M. Bourdieu qui ne rate pas une occasion de saluer une grève, sauf le professeur Schwartzenberg qui aime les sans-logis et les sans-papiers, nous sommes dans le silence. L'abbé Pierre lui-même n'a plus de voix depuis qu'il a utilisé ses dernières forces à louer M. Garaudy, lequel manifeste une haine suspecte envers le peuple d'Israël et son histoire depuis 5 000 ans.

Il est pourtant utile pour un gouvernement de gauche de prendre ses distances vis-à-vis des intellectuels qui l'ont soutenu dans l'opposition. La manœuvre n'est pas très compliquée : quelques mesures de bon sens, un peu de réalisme en politique étrangère, l'extradition d'un ou deux terroristes pris en flagrant délit de crimes de sang suffisent. Malheureusement, dans une situation de ce type, les intellectuels de gauche se contentent de se taire. Après les avoir fait passer du soutien actif à la neutralité boudeuse, il convient de leur faire manifester une franche opposition.

L'un des meilleurs tacticiens du gouvernement de M. Jospin, M. Jean-Pierre Chevènement, sut trouver une méthode imparable. Il se contenta de refuser la régularisation d'un bon nombre d'immigrants en situation difficile, environ 200 000 personnes. Les intellectuels et les cinéastes se remettent à signer des pétitions, et nous avons déjà de belles et spectaculaires actions d'occupation et d'évacuation, dans des lieux publics ou dans des églises, CRS aux portes.

Pour les expulsions, deux méthodes : les charters de M. Pasqua ou de Mme Cresson ; les avions ordinaires. La première est plus discrète, mais elle a mauvaise réputation. La seconde lui est supérieure, qui consiste à mettre les malheureux menottés dans les appareils de ligne (voir plus haut). Elle scandalise les passagers témoins de l'opération et qui ne veulent plus monter dans l'avion. M. Chevènement a raison de s'en prendre aux militants qui protestent, et de dénoncer, tel son vieux prédécesseur le très réactionnaire M. Marcellin, un complot international. Au-delà des quelques trotskistes concernés, les intellectuels se réveillent à coup sûr.

*

* *

Il y a quelques années, à notre grande surprise, M. Chirac sut se tirer d'affaire lui aussi. Il venait de la droite, mais eut la fantaisie de mobiliser quelques intellectuels de gauche survivants. En 1994, peu avant l'élection présidentielle, il les attire, les flatte, les excite. Nous trouvons là non point des noms de premier rang, mais quelques penseurs considérés, et d'abord M. Emmanuel Todd.

M. Emmanuel Todd est un jeune anthropologue repéré, fils d'un journaliste de gauche célèbre, petit-fils de Paul Nizan. M. Todd prédit d'époustouflants retournements dans les intentions de M. Chirac et enseigne la notion de fracture sociale. Il est un adversaire énergique du traité de Maastricht et de la pensée unique.

Ces théories étranges ne permirent pas la défaite de M. Chirac à l'élection présidentielle mais elles contribuèrent salutairement à la défaite législative de 1997. En effet, M. Chirac au pouvoir fit l'inverse de ce que souhaitait M. Todd. Celui-ci s'indigna : il se sentit trahi. Avec toute l'autorité que lui conférait la brève amitié de M. Chirac, et par là une notoriété redoublée, il multiplia les déclarations. « Chirac n'est pas à la hauteur, dit-il, (...) il n'a ni intelligence ni caractère. (...) Certes, Juppé est nul, mais sans Juppé, Chirac est perdu car il ne pense rien. »

Là-dessus M. Todd affirme qu'il se sent proche du Parti communiste, ce parti qui avait tant calomnié son grand-père Paul Nizan : tout cela est d'un progressisme échevelé.

Eh oui, même M. Chirac sait réveiller les intellectuels de gauche silencieux.

EXERCICES

I

Comment se nomme le dernier parti de M. Giscard d'Estaing ?

a) MPPT ;
b) DPSD ;
c) PPDF ;
d) il n'existe pas.

Corrigé :

Les deux dernières réponses sont bonnes. Le Mouvement pour un Parti des travailleurs est une ancienne organisation trotskiste ; la Direction de la protection et de la sécurité de la Défense est l'ancienne Sécurité militaire ; le Parti populaire pour la démocratie française, présidé par M. de Charrette, prétend rassembler d'anciens partisans de l'ancien président de la République. Nul citoyen informé n'en a jamais rencontré un seul.

II

Un grand quotidien de référence plutôt marqué à gauche tente de racheter un grand hebdomadaire de référence plutôt marqué à droite. Vous êtes un Premier ministre de gauche. Que faites-vous ?

a) Vous encouragez le rachat ?
b) Vous laissez l'Elysée saboter le rachat ?

Corrigé :
Vous laissez faire bien sûr, et l'opération capote.

III

Trouvez le verbe contraire qui rendra la phrase vraisemblable. Trouvez ensuite le complément qui convient au verbe donné.

1. Les gaullistes { .... les élections.
{ gagnent ....

Corrigé :
Les gaullistes *perdent* les élections.
Les gaullistes gagnent *une bonne culotte.*

2. Le Parti socialiste { .... avec le capitalisme.
{ rompt avec le ....

Corrigé :
Le Parti socialiste *compose* avec le capitalisme.
Le Parti socialiste rompt avec le *socialisme.*

IV

La Sofres vous apporte un sondage où vous gagnez dix points. Que faites-vous ?

a) Vous annoncez une profonde réforme de l'Education nationale en dénonçant les « pesanteurs et les corporatismes » des enseignants ;
b) Vous multipliez par deux les tarifs des contraventions ;
c) Vous menacez de supprimer les fonds de pension ;
d) Vous relancez les fonds de pension ;
e) Vous envoyez des inspecteurs perquisitionner chez les gens pour vous assurer qu'ils acquittent la redevance télé ;
f) Vous laissez immédiatement tomber la politique française et vous vous offrez de nombreux voyages officiels chez des dictateurs étrangers ;
g) Vous vous précipitez à France 2 le jour où les autres chaînes passent les films les plus aguichants.

Corrigé :

Toutes les réponses sont bonnes.

DE LA DÉBÂCLE

DE LA DÉBÂCLE

I. *Qu'elle est à la fois exceptionnelle et admirable*

Ce que le grand chelem est au bridge et au tennis, le capot à la belote, la débâcle électorale l'est à la stratégie politique. Il s'agit d'une figure rare, toujours mise en œuvre par les leaders de grand talent, et qu'il convient de distinguer soigneusement de ses contrefaçons.

Ainsi la débâcle ne se confond pas avec la défaite, qui constitue l'ordinaire de la joute politique. Même de grande amplitude, la défaite électorale ordinaire n'affecte que les marges. Aux élections européennes de juin 1994, l'échec du Parti socialiste semble considérable. Mais le PS ne recule que de 3 % par rapport à sa déconvenue de 1993 aux législatives, 4 % par rapport aux régionales de 1992. Entre-temps, il était remonté à 22,5 % au premier tour des cantonales de mars 1994. Bref, dans ce cas la débâcle n'est pas acquise : il récupérera les centaines de milliers d'électeurs perdus quelques années plus tard, comme le prouve la victoire de la gauche aux législatives de 1997.

Il ne faut pas non plus confondre la débâcle avec le reflux. En 1956 les candidats poujadistes obtiennent deux millions cinq cent mille voix sur les thèmes de la défense des petits commerçants et artisans, de la révolte contre le fisc et de la xénophobie. Deux ans plus tard, ils ne recueillent que quelques centaines de milliers de suffrages. On ne saurait parler de débâcle à cette occasion, la vague se retire aussi brutalement qu'elle était apparue : la fièvre retombe après une éruption.

La débâcle authentique ne peut atteindre que des partis dont le capital est solide, patiemment accumulé par des générations d'élus et de militants. Elle consiste à ruiner en quelques années la force d'organisations robustes et reconnues. Il ne s'agit plus de perdre des électeurs – phénomène courant – mais de sacrifier ostensiblement des pans entiers de l'électorat.

Dans les trente dernières années nous n'avons assisté que deux fois à cet exploit remarquable : en 1969, M. Gaston Defferre a ramené l'influence du courant socialiste à 5,1 %, soit environ au quart de ses performances habituelles (on est loin du 14 % de M. Rocard en 1994) ; entre 1979 et 1994, le Parti communiste, sous la conduite éclairée de M. Georges Marchais, dirigeant éminent du mouvement ouvrier international, a perdu la moitié de son électorat.

Encore convient-il d'introduire une dernière nuance. On ne saurait confondre *les débâcles sans lendemain* qui, comme celle de M. Defferre en 1969, s'effaceront en moins de quatre ans, avec *les débâcles qui annoncent un déclin historique*, comme l'implosion de l'électorat communiste en 1981 et 1988.

M. Marchais et ses amis, M. Lajoinie et le jeune Robert Hue, ont prouvé la sûreté de leur jugement. Ils ont su transformer la déroute politique qu'ils organisaient depuis de longues années en ce bien rare et précieux : la débandade définitive, quitte à s'humilier dans le gouvernement de M. Jospin. La fête de *L'Huma* elle-même – qui fut la gloire et l'une des sources de financement du Parti – perd de l'argent. *Pif le chien,* hebdomadaire essentiel au PCF, a disparu sous la pression des Mickeys américains. *L'Humanité* est en déficit grave, petite pagination et souscriptions manquées. Reconnaissons que le Parti communiste a été fortement aidé par l'effondrement des démocraties populaires et de l'Union soviétique.

DE LA DÉBÂCLE

II. *Qu'elle doit être préparée de loin*

La débâcle électorale frappe l'imagination des observateurs par son caractère soudain. Il serait faux d'en déduire qu'elle est uniquement due à l'habile manœuvre d'un grand capitaine ou à l'intuition stratégique d'un chef audacieux. Pour réussir une débâcle définitive, il est nécessaire de l'avoir longuement préparée.

Première condition : maintenir une fidélité rigide à une doctrine inepte. Depuis 1956, le Parti communiste français, malgré les sollicitations de mauvais bergers, a longtemps maintenu un corps doctrinal de plus en plus éloigné des faits, de la sensibilité des électeurs et souvent même du bon sens. Par exemple, le PCF réédite en 1961 une série de textes sur la paupérisation des travailleurs où Maurice Thorez démontre que « le travailleur parisien mange moins de viande que sous le second Empire » et que le niveau de vie alimentaire de l'ouvrier anglais a baissé depuis le XVIIIe siècle.

Les candidats à la débâcle doivent d'autant plus s'accrocher à leurs théories que les faits les contredisent. Tant que le thème de la pauvreté ouvrière due à la grande crise de 1929 d'abord, à la guerre ensuite, reste vraisemblable, le Parti communiste parle peu de la paupérisation. A juste titre : il risquerait d'être crédible. En revanche, lorsque l'expansion économique commence à se traduire par une augmentation rapide et continue du niveau de vie, le thème de la paupérisation prend toute son efficacité victoricide.

De même, l'exaltation des vertus démocratiques de l'URSS et de ses satellites fut d'autant plus salutaire que s'accumulaient les témoignages sur la misère de la vie quotidienne, sur les internements dans les hôpitaux psychiatriques et sur le goulag.

En raison sans doute de la naïveté de son secrétaire général de l'époque, M. Waldeck Rochet, le Parti communiste commet en 1968 un dangereux faux pas : il condamne l'intervention soviétique en Tchécoslovaquie. M. Georges Marchais remet rapidement le Parti sur la bonne voie : celle qui va le conduire à cautionner la normalisation en Tchécoslovaquie, la répression du syndicat *Solidarité* en Pologne, le coup d'Etat du général Jaruzelski.

Mais le chef-d'œuvre reste l'approbation de l'intervention soviétique en Afghanistan. Le choix du sujet : une intervention coloniale de type classique, où un corps expéditionnaire vole au secours d'un gouvernement fantoche, – en résumé un thème qui heurte profondément la sensibilité de gauche en France. Le choix de l'argumentation : l'exaltation de l'œuvre civilisatrice de l'armée Rouge dans sa lutte contre un système féodal où se pratiquerait encore un imaginaire droit de cuissage. Le choix du lieu, enfin : M. Marchais approuve l'expédition soviétique en direct de Moscou, au cours du journal télévisé de la mi-journée, comme pour démontrer que l'accession des communistes français au pouvoir pourrait entraîner un alignement de la France sur la politique soviétique.

*

* *

A première vue, la rigidité doctrinale peut produire des effets négatifs : l'électorat, conservateur par nature, se reconnaît aisément dans des thèmes idéologiques longuement répétés. La ferveur militante se trouve raffermie par la fidélité au dogme qu'affichent les dirigeants. En d'autres termes, une attitude intransigeante limite les pertes dans un premier temps. Mais à la longue cet investissement initial sera remboursé au centuple.

En effet, un fossé sc creuse lentement entre les proclamations doctrinales et l'expérience quotidienne des électeurs. Lorsque ceux-ci en prendront conscience, leur désertion sera brutale et massive. De même, la rigueur doctrinale prépare la déception des militants qui se trouveront bien mal récompensés des efforts qu'ils ont déployés pour croire à des billevesées. La chute du Mur de Berlin, la disparition de l'URSS n'ont rien changé à la doctrine. Alors que tous les PC de l'Est se sont convertis à la social-démocratie, que le PC italien a modifié son sigle, le PCF reste communiste, heureux de prouver que la réalité n'a aucune prise sur l'organisation. « Nous avions, nous avons raison, répétèrent ses dirigeants. D'ailleurs nous avions prévenu Brejnev et Gorbatchev. »

La fidélité au dogme n'implique pas un immobilisme complet. A répéter éternellement les mêmes formules, on court le risque de voir les citoyens cesser de les prendre au sérieux et estimer qu'il s'agit là d'une incantation sans importance. En 1981, de nombreux électeurs de M. Mitterrand n'arrivaient pas à croire que les socialistes seraient assez bornés pour appliquer leur programme de nationalisations. Il fallut toute la fermeté du président de la République et du Premier ministre pour démontrer à ces électeurs néophytes que l'on pouvait tenir les promesses les plus folles – et les dégoûter de voter à gauche aux législatives suivantes.

Il paraît donc nécessaire de procéder périodiquement à des aggiornamentos afin de maintenir la crédibilité de la doctrine et du programme. Opération délicate : le remède est dangereux, on doit l'administrer à dose homéopathique. *Un aggiornamento réussi ne peut être que timide et trop tardif.*

a) Lorsque M. Marchais, dans les années 1975, qualifie le bilan des pays socialistes de « globalement positif », les militants les plus sévères en furent choqués : pour eux le bilan était absolument positif. A l'inverse, les adhérents déjà secoués par le doute y virent la permission de critiquer l'URSS et son socialisme réel. Ils en rajoutèrent et se firent exclure.

b) Lorsque M. Hue explique que tout a changé dans le Parti alors qu'il n'a pas changé grand-chose, qu'autrefois on prenait du sommet des décisions administratives et qu'aujourd'hui les militants décident, il en tire un double avantage : il laisse supposer que le Parti a été longtemps totalitaire, mais on voit bien qu'après ces déclarations il vote toujours à la quasi-unanimité les textes de la direction. Le dissident n'est plus exclu, même lorsqu'il publie une tribune libre dans *Le Monde*. Convaincus ou révulsés, les militants s'enfuient.

Il y a entre un et deux millions d'anciens communistes en France, et à peine deux cent mille adhérents réels.

C'est le problème de la messe en français. Pie XII, compromis avec le nazisme, avait refusé toute réforme de l'Eglise et l'on chantait toujours à l'office un latin que plus personne ne comprenait. Le gros Jean XXIII a décidé que la messe se dirait en langue vulgaire : les fidèles, soudain éclairés par l'invraisemblance des propos, ont déserté la messe.

DE LA DÉBÂCLE

III. *Le bon usage des alliés*

Les alliés jouent un rôle essentiel dans la débâcle électorale : ce sont eux qui peuvent vous prendre le plus de voix. L'électeur français répugne à l'idée de transgresser la frontière qui sépare la droite de la gauche. Des traditions personnelles ou familiales, les normes du milieu de travail ou des compagnons de loisirs lient chaque citoyen à l'un des deux camps qui divisent l'esprit public. En revanche, les redistributions internes sont fréquentes : de la droite classique vers le gaullisme, entre le RPR et l'UDF, du radicalisme au socialisme, du socialisme au communisme et vice versa.

Les alliés vous prennent des voix parce qu'ils sont proches. Mais il convient d'être vigilant : qui peut prendre peut aussi donner.

La remarquable intelligence historique des dirigeants communistes français est d'avoir compris :

a) Qu'il fallait signer un programme commun avec le PS en 1972.

b) Qu'il fallait installer la légitimité de François Mitterrand comme unique représentant de la gauche à l'élection présidentielle de 1974, élection perdue de peu devant M. Valéry Giscard d'Estaing.

c) Qu'il fallait par une terrible querelle avec le PS mener la gauche à la défaite lors des législatives de 1978. Tous les observateurs donnaient la gauche gagnante : le PCF se désignait clairement comme le responsable de l'échec.

d) Qu'il fallait poursuivre une polémique malsaine avec François Mitterrand jusqu'en 1981, tenter d'empêcher son élection à la présidence par un vote révolutionnaire et secret en faveur de M. Giscard d'Estaing, perdre un quart de l'électorat communiste au premier tour (de 20 % à 15 %), se rallier avec bruit et mauvaise foi au deuxième tour.

e) Qu'il fallait participer au gouvernement de la gauche avec quatre ministres – assez pour être responsable de la politique menée, pas assez pour peser sur elle. Accepter des plans de rigueur contraires à tous les principes auparavant rabâchés. Se retirer trop tard afin de demeurer comptable du bilan. *Mettre en application ce grand principe : perdre sur les deux tableaux* .

f) Qu'il fallait ensuite proclamer que la signature du programme commun était une tragique erreur, et former une génération de militants, maigre mais résolue, dans cette idée.

g) Qu'il fallait se rallier sans retenue aux socialistes entre 1995 et 1997 après avoir proclamé l'inverse, démoraliser les militants (voir plus haut), revenir au gouvernement dans des conditions pires qu'en 1981, faire des concessions supplémentaires – singulièrement sur les dénationalisations, l'Europe, la monnaie unique, l'immigration, le chômage et surtout les chômeurs –, espérer que des causes comparables produiraient à terme des effets plus calamiteux.

En fréquentant depuis peu des trotskistes – spécialistes universels de la défaite – le PCF a pris là encore quelques solides garanties.

DE LA DÉBÂCLE

IV. *La preuve par neuf*

Comme le professe le bon sens populaire, plus on a perdu, plus il est difficile de perdre. Dans cette voie difficile, les dirigeants du PCF n'ont jamais renoncé. A la suite des défaites de 1981 et 1984, qui laissaient leur parti à 11 %, ils mirent tout en œuvre pour atteindre leur objectif véritable : rabaisser l'électorat communiste à un pourcentage qui se mesure par un seul chiffre et descendre en dessous du seuil de 10 %.

Comment s'effondrer davantage ? Etait-ce même raisonnable de rêver d'une débâcle aussi ambitieuse ? Les dirigeants y croient, ils l'avouent lors de la campagne électorale des élections de 1986, mais en termes voilés. La crainte d'être accusés de vantardise les empêche d'être catégoriques. M. Fiterman, dirigeant à l'époque insigne, prévient les observateurs : « Le score du PCF, dit-il quelques semaines avant le scrutin, pourrait bien être l'événement au soir du 16 mars » (*1986, date du premier tour des législatives*). M. Marchais est plus explicite encore : « Le Parti se redressera (*admirez l'antiphrase*), j'en ferai la preuve par neuf. » La preuve par neuf : cela signifie bien sûr 9 %.

Tous ces efforts confondus, joints à de vives attaques portées contre les socialistes, ont fini par aboutir : malgré une manipulation éhontée des instituts bourgeois de sondage, qui lui ont toujours attribué des chiffres supérieurs, le PCF se retrouve à 9,7 %.

Ce n'était pas suffisant.

Dans la première édition de ce livre, en 1985, nous risquions un conseil : « M. Marchais ayant rempli la tâche que l'histoire lui avait dévolue, il devient urgent de le remplacer. Car il conserve encore une notoriété qui – si détestable soit-elle – n'est pas sans danger. En effet, M. Marchais reste clairement identifié comme le porte-parole du PCF. Si le Parti à la sagesse de le remplacer par M. André Lajoinie le taciturne (...), le communisme perdra toute représentation extérieure : procédé efficace pour brouiller ce qui lui reste d'image et mener l'organisation jusqu'à sa prochaine étape, une nouvelle dégringolade lors de l'élection présidentielle qui s'annonce (*celle de 1988*). »

Les dirigeants du Parti, lecteurs attentifs, ont suivi notre judicieux conseil. Ils ont présenté M. Lajoinie à la présidentielle de 1988. Peu avant l'élection, des journalistes avaient demandé à M. Lajoinie :

« Cela va-t-il changer votre vie ?

— Non, avait-il répondu avec discernement, je vais simplement accélérer mon activité. »

Il l'a accélérée en effet : 6,7 % au premier tour, le score le plus faible de toute l'histoire du PCF depuis sa création en 1920.

La performance était si stupéfiante que les communistes

ne sont jamais arrivés à la reproduire[1]. Mais notons combien le PCF reste attaché à *la preuve par neuf* : aux législatives de 1997, malgré les intrigues insensées de ses alliés et de ses adversaires, M. Robert Hue a su s'arrêter pile, à 9,9 %.

1. Remarquons qu'aux élections européennes de 1994 M. Francis Wurtz, plus inconnu que M. Lajoinie, n'a pas su faire aussi bien, mais il est arrivé à 6,9 %, – ce qui demeure louable. Vous vous souvenez de M. Francis Wurtz et de sa barbe ?

EXERCICES

I

Narration :

Expliquez pourquoi, selon *L'Humanité*, la France a besoin d'un Parti communiste. Expliquez comment, d'après les déclarations de M. Robert Hue, le PCF va devenir une force adaptée aux défis de cette fin de siècle, et dans laquelle peuvent se reconnaître tous ceux qui aspirent à changer notre société. Engagez le débat dans sa plénitude.

II

Dissertation :

A la mort de M. Georges Marchais, M. Robert Hue, les communistes, les socialistes et presque toute la droite (sauf M. Balladur) ont dit du bien de M. Georges Marchais. Justifiez cette opinion.

III

Retrouvez les termes de cette déclaration de M. Marchais :

Corrigé :

Le Bill - an - dé paie I - seau scie AL - I se tait - globe allemand - pose I - tif.

Le bilan des pays socialistes est globalement positif.

DU SCANDALE

DU SCANDALE

I. *Qu'il est indispensable*

Même catastrophique, une gestion au jour le jour ne saurait garantir à elle seule l'échec d'un gouvernement. Les décisions les plus fâcheuses n'apportent que rarement un résultat visible et immédiat. Les investissements à contre-courant, les négligences les mieux calculées mettront des mois, et souvent des années, avant de dégrader durablement la capacité de production d'un pays et le niveau de vie de ses habitants.

Voilà pourquoi les gouvernements cherchent périodiquement à ternir leur réputation par quelque action d'éclat. Comme le public les crédite à juste titre d'une certaine abnégation, ils doivent s'arracher à leur nature et se composer des personnages tout empreints de malveillance, de fourberie et de cynisme, en montant une intrigue qui puisse démontrer à la fois la nocivité de certains ministres et la carence des autres.

Ce moment privilégié de la course à la défaite, ce drame qui requiert autant de talent dans sa conception que dans son exécution porte le beau nom de scandale.

L'histoire contemporaine est particulièrement riche en cette matière. Le scandale trouve sa source dans une affaire, et nous n'en manquons pas : affaire du Crédit Lyonnais, affaire Yann Piat, affaire Michel Noir, affaire Carignon, affaire Longuet, affaires Tapie – là, le pluriel s'impose –, affaire Urba et Emmanuelli, plus loin de nous les affaires Pelat, les écoutes de l'Elysée, l'affaire Greenpeace, ou l'affaire de Broglie, Boulin, l'affaire Ben Barka, – on peut remonter jusqu'à l'affaire des ballets roses ou jusqu'à Panama.

Il ne faut pas se faire d'illusions : rien n'est plus malaisé que de lancer et réussir un bon scandale. La vie de nos gouvernants se réduit souvent à une longue et lamentable suite de scandales avortés, petites affaires qui ont capoté dès l'origine ou se sont éteintes prématurément. Un trafic aussitôt découvert et puni dans les Hauts-de-Seine, une malversation sur la TVA, un marché douteux passé par une municipalité, un achat de terrain avec passe-droit, tout cela ne mène à rien. Trois articles dans les journaux, c'est trop léger pour lever un scandale. Voyez les élus qui se sont fait payer leurs domestiques par la municipalité, le département ou la région : ils ont remboursé et l'on n'en parle plus. Souvenez-vous qu'autrefois l'assassinat d'un ministre – M. Fontanet qui jouissait pourtant d'une certaine notoriété – s'est perdu dans le mystère le plus complet.

Un bon scandale suppose plusieurs conditions :

a) Un personnage, un héros, positif ou négatif, comme M. Tapie ou M. Tibéri, individus repérés dont les aventures sont susceptibles d'intéresser les lecteurs et les électeurs. Dans l'affaire Schuller par exemple, marchés publics contestables, financement politique occulte, le spectateur ne s'y retrouve pas. Mauvais scénario. Déjà impossible de titrer : est-ce l'affaire Schuller-Balkany, Schuller-Hauts-de-Seine, Schuller-RPR, Schuller-Pasqua, Schuller-Maréchal ? Maîtresse (on dit compagne), psychiatre, beau-père, juge Halphen, c'est trop compliqué. On confond coup de théâtre, rebondissement et changement de sujet. Une fuite aux Bahamas, pourtant poétique, n'arrange rien. L'affaire, malgré de nombreux articles de presse, ne tourne pas au scandale.

b) Comme pour un roman à succès ou une série télévisée de grande audience, la recette d'un bon scandale requiert des rebondissements. Si la presse dévoile tout d'un coup, nul intérêt. Un scandale, ce n'est pas une information, mais une histoire. Prenons un exemple ancien et fort démonstratif : l'affaire Marchais. M. Marchais, secrétaire général du Parti communiste, était parti pendant la guerre en Allemagne nazie comme travailleur volontaire. Après plusieurs révélations trop étalées dans le temps pour se ramasser en un scénario construit, *L'Express* publie en mars 1980 de nouvelles informations. C'était précis et très gênant : les archives de la ville d'Augsbourg prouvaient que M. Marchais avait menti sur les dates et les conditions de son travail chez Messerschmitt, où il vissait les boulons des avions qui partaient bombarder nos libérateurs. M. Marchais, avec beaucoup de naturel, s'étouffe de rage. Là aussi on attend la suite. La suite ne vient pas : M. Marchais dément sans convaincre, *L'Express* confirme sans rien ajouter. Le scandale dure une semaine et s'éteint : tout était dit, plus de suspense. Une affaire dont on vous livre l'ensemble en un seul article de journal, sans mystère, cela ne mène pas loin. Pour fabriquer un bon scandale, il faut savoir distiller la vérité et le mensonge pendant des semaines, voire des mois, avec des moments forts, des pauses, des relances, des retournements.

c) Encore faut-il choisir le bon moment. Se méfier des crises internationales, des génocides africains, des guerres, des crimes crapuleux, des pédophiles : ils pourraient mobiliser l'attention du public et le détourner de l'affaire. Les dates les plus recommandées restent la rentrée de septembre et, passées les fêtes de Noël, les mois de février et mars, à la rigueur le mois de juin. Comment y parvenir, comment être sûr que le scandale éclatera au bon moment ? Cela suppose beaucoup de réflexion. Un moyen infaillible : étaler le scandale sur un an ou deux, pour être certain qu'il flambe à l'époque favorable. C'est ce qu'ont su faire, comme on le verra par la suite, les grands partis de gauche et de droite dans les dix dernières années.

d) Il reste à déterminer le sujet du scandale. Chaque peuple a ses habitudes en matière d'indignation, et l'on ne peut transposer mécaniquement l'expérience des pays étrangers.

Les micros de Watergate bien exploités ont fait tomber un président des Etats-Unis, M. Nixon. Les écoutes de l'Elysée, même si elles mettaient en cause la jolie Carole Bouquet, n'ont pas ébranlé M. Mitterrand, commanditaire désigné de l'opération.

Autre réflexion : le comportement d'un ministre vis-à-vis de sa secrétaire. En Grande-Bretagne, il suffit de la mettre enceinte, le ministre sautera illico. Aux Etats-Unis, il n'est même pas besoin de secrétaire : il suffit d'avoir dragué une jeune femme des années auparavant pour avoir des ennuis comme il en arrive au président Clinton, histoire qui passionne les masses et les magistrats. En France, vous pouvez monter un double ménage, avoir des enfants adultérins, le faire révéler à la Une de *Paris-Match*, épouser votre secrétaire deux fois plus jeune que vous, il ne se passera rien. Pays démocratique et polisson, la France ne se préoccupe pas des tendres rapports qui ont pu unir de vieux présidents à de jeunes femmes pour cela nommées ministres, et les citoyens ne trouvent là qu'un motif à ragots et attendrissement, comme le prouvent quelques films charmants consacrés à ces sujets.

e) Un gouvernement prévoyant doit toujours avoir deux ou trois scandales en réserve, et pouvoir jouer de l'un lorsque l'autre – pour des raisons incontrôlables – vient leur faire défaut. Là, plusieurs solutions : par précaution, nommer des personnalités contestées, surtout des ministres, à des postes majeurs, alors qu'on sait d'avance qu'ils risquent d'être mis en examen. C'est ainsi que M. Balladur a choisi avec sagesse quelques ministres à risque en 1993, et d'abord MM. Longuet et Carignon, alors qu'il était fort prévenu et bien informé. C'est ainsi que M. Chirac, malgré l'avis de conseillers mal intentionnés, a placé M. Le Floch-Prigent à la tête de la SNCF, afin que le Pdg de cette société bringuebalante et déficitaire puisse se retrouver quelques mois plus tard en prison.

L'autre solution consiste, pour des personnages de grande capacité, à porter sur soi de multiples affaires qui, se télescopant les unes les autres, satisferont l'appétit du public. Tel est l'objet des chapitres suivants.

DU SCANDALE

II. *Qu'il doit être préparé de loin*

M. Tibéri, responsable des logements à la Ville de Paris, successeur de M. Chirac à la mairie, est un homme prévoyant. Pendant des années, il a monté un système d'attribution de beaux appartements à bas prix, lesquels ont pu compromettre nombre d'hommes politiques, le Premier ministre de 1995, M. Alain Juppé et surtout, ce qui est plus élégant, ses propres enfants.

Une seule erreur : avoir impliqué de grands journalistes dans le système. Ceux-là, qui bénéficiaient de loyers de faveur, ont évidemment tardé à révéler la situation et sont restés très modérés dans leurs éditoriaux et leurs commentaires.

Néanmoins tout cela fut révélé au bon moment, en 1995, après l'élection de M. Chirac à la présidence de la République et la promotion de M. Juppé à Matignon.

M. Juppé, qui occupait un appartement sensationnel rue Jacob, tout droit dans ses bottes qu'il fût, a été contraint de déménager. La France entière a su qu'il était intervenu pour faire baisser le loyer de son fils, toujours dans un appartement de la Ville de Paris.

La Justice se montra indulgente et les Français, qui se

ruinent pour bâtir un pavillon de banlieue ou s'épuisent pour obtenir des HLM quand ils sont pauvres mais n'ont pas leur carte du RPR, ont trouvé l'intrigue épatante.

M. Chirac, nouveau président de la République, fut remarqué comme le locataire très favorisé d'un pavillon rue du Bac, avec un joli jardin privatif de 525 mètres carrés. 12 000 francs par mois, c'était un cadeau. Là aussi, la Justice a classé le dossier : le magistrat qui s'est prononcé sur la situation immobilière du Président était logé par la Ville de Paris, 80 mètres carrés rue Poliveau, dans le Ve arrondissement, pour un loyer d'environ 3 600 francs par mois.

M. Tibéri, qui n'a pas épargné sa famille, a logé ses enfants dans des appartements de la Ville alors qu'ils étaient propriétaires d'autres appartements, des vrais ceux-là, ceux qu'on achète et que l'on paie, et qu'on loue au prix du marché.

Vous imaginez la patience de la mairie de Paris, du RPR et de M. Tibéri, qui ont dû attendre des années pour que le scandale éclate et contribue à leur faire perdre les élections législatives de 1997. Par bonheur, pour combler les trous du feuilleton, ils avaient préparé d'autres affaires.

DU SCANDALE

III. *Qu'il vaut mieux mener plusieurs affaires en même temps*

La Justice est lente : on peut oublier une affaire entre la date où la presse la révèle et le jour où les magistrats rendent leur jugement. C'est pourquoi les vrais héros doivent attiser plusieurs scandales en même temps, de telle sorte que l'on parle du second quand on ne mentionne plus le premier, et du troisième quand on oublie le deuxième.

M. Tibéri a eu la perspicacité :

a) D'inventer des électeurs fantômes à Paris, trois ou quatre mille personnes introuvables, théoriquement concentrées dans des garages, à neuf dans un appartement d'huissier, à quinze dans un seul logement –, et qui votaient pour lui.

b) D'avoir laissé sa femme, Mme Xavière Tibéri, écrire un vrai-faux rapport sur la « coopération décentralisée », document bourré de fautes de frappe et d'orthographe, dont – comme dit *Le Monde* – « l'intérêt est fortement contesté ». Ce texte, qui fut largement diffusé dans la presse, avait été payé 200 000 francs par le conseil général de l'Essonne, soit plus de 5 500 francs le feuillet, – tarif que n'atteignent pas les meilleurs académiciens du *Figaro*. On se souvient que lorsque le dossier est parvenu entre les mains du procureur adjoint d'Evry, la chancellerie est allée jusqu'à affréter un hélicoptère afin de récupérer, en vain, le procureur lui-même, supposé plus compréhensif, qui baguenaudait en plein Himalaya. Procureur, hélicoptère, Himalaya, ces mots sont magiques. On suppose une aventure, le sommet du monde, les alpinistes aux mains gelées, aux orteils glacés, les sherpas, l'Anapurna, l'Everest, Maurice Herzog, Tintin au Tibet et le Yéti. Mme Xavière Tibéri, longtemps inconnue du grand public, s'est fait là une popularité que son mari n'aura pas à regretter lors des prochaines élections municipales.

Sachons que M. Longuet, ancien ministre et ancien président du Parti républicain[1], a utilisé un moyen comparable : il aurait plagié un rapport d'expert sur les « immeubles intelligents », a touché plus d'un million de francs pour cette étrange prose qu'il a fait publier chez un éditeur inconnu. Un million de francs, c'est beaucoup plus que les 200 000 francs de Mme Xavière Tibéri. Mais M. Longuet n'avait pas fait de fautes d'orthographe, ce pour quoi on a moins parlé de cette prestation. Conclusion : ce n'est pas la somme qui fait le scandale.

1. Comment se nomme le Parti républicain aujourd'hui ? Si vous avez mal retenu la leçon, retournez au chapitre III du titre « De la popularité ».

c) Honoré de Balzac et Guy de Maupassant ont toujours veillé avec soin à choisir les noms de leurs personnages. M. Tibéri aussi. L'ancienne trésorière officieuse du RPR fut soupçonnée d'avoir reçu des commissions d'entreprises sollicitées par l'Hôtel de Ville de Paris. Cette personne se nomme Mme Casetta. Les journalistes eurent donc loisir de faire des plaisanteries sur la cassette et de multiplier les astuces sur la « dame de fer » du mouvement chiraquien. Dame de fer : pour une fois il ne s'agissait ni de la Tour Eiffel ni de Mme Thatcher.

d) En octobre 1996, les services du Premier ministre ont été contraints de rembourser plus d'un million de francs de salaires versés à M. Dominique Tibéri, fils de l'illustre, par la compagnie Air France, déficitaire.

e) Sous le gouvernement de M. Juppé, la police a refusé d'apporter son concours à la justice pour enquêter sur les affaires de M. Tibéri. D'où la plaisanterie admirable de M. Pétillon, dessinateur : « Police, n'ouvrez pas ! »

*

* *

La stratégie du scandale doit être impérativement enseignée aux lycéens, afin qu'ils comprennent le mérite de ces hommes politiques qui se sacrifient sur l'autel de la défaite. C'est ainsi qu'un manuel Nathan d'instruction civique, toujours en circulation, présente selon *Le Monde* les « Mariannes d'or 1985 pour 17 super-maires ». On y trouve Charles Hernu, ancien ministre de la Défense et responsable de l'affaire Greenpeace, ou mourut un photographe portugais. On trouve surtout le prix spécial du jury, attribué cette année-là au maire de Toulon M. Arreckx, condamné le 18 novembre 1997 à deux ans de prison ferme, un million de francs d'amende et cinq ans de privation de droits civiques pour complicité et recel d'abus de confiance.

DU SCANDALE

IV. *La méthode de gauche*

Le Parti socialiste s'est persuadé depuis longtemps qu'il ne suffit pas de quelques brebis galeuses pour se compromettre. Qui se remémore le scandale des vins, qui accusera le PS parce qu'un ancien maire d'Angoulême a fui en Amérique latine après avoir pillé la caisse ? Le Carrefour du développement, M. Christian Nucci ? Tout cela n'a pas tenu et n'a pas secoué durablement le Parti. Les tribulations financières de M. Dumas, ces sommes en liquide qui passent sur ses comptes bancaires, cette fortune considérable et les honoraires du dictateur Bongo, les chaussures à 11 000 francs payées par Elf n'affectent guère M. Jospin.

A scandale de gauche, il faut des méthodes de gauche. Voilà quelques années, les socialistes ont inventé et appliqué les grandes lois modernes de la malversation vertueuse.

Il était donc nécessaire :

a) *Que l'argent soit au préalable condamné en tant que tel.* Rien de plus précieux pour le Parti socialiste que cette phrase de M. Mitterrand sur « l'argent sale, l'argent facile, l'argent qui tue ». Ainsi, à chaque centime détourné, le PS a pu se voir opposer la maxime de son fondateur. Il était donc condamné d'avance.

b) *Que l'argent afflue dans les caisses du Parti.* Là, le système est universel. Il a été forgé il y a longtemps par le Parti communiste : monter des sociétés d'études bidons, contrôler l'attribution des marchés à certaines entreprises, rentrer des millions grâce à des fausses factures. Le PC, le PS, la droite savent cela depuis belle lurette. Encore convient-il de se faire pincer et poursuivre par la Justice. C'est en ce domaine que les socialistes ont magistralement innové.

c) *Que la comptabilité douteuse soit centralisée.* Pendant des années, et même si elle s'est rattrapée depuis, la droite n'a pas su faire flamber ses scandales. Pourquoi ? parce qu'elle était girondine, autrement dit décentralisée. Un conseiller général, un maire de grande ville se faisait-il prendre en train de tripoter de l'argent suspect ? Cela ne sortait pas du département, de la cité : petite affaire, petite publicité.

Le Parti socialiste, lui, est jacobin : appliquant à son financement cette doctrine globale qu'est le socialisme, il centralise. C'est ainsi que les sommes illégalement perçues par le PS de 1981 à 1989 ont été reportées par un génial M. Delcroix sur quatre grands cahiers à spirale. Comme l'écrit *Le Monde* daté du 10 octobre 1989, « on ne se fie pas à sa mémoire, on note tout, jusqu'au plus infime détail, pour qu'il n'y ait ni contestation ni ambiguïté, pour que l'on sache bien qui fait quoi, qui donne combien

(...). M. Delcroix n'oublie rien : les consignes, les ordres du jour, les réunions, les absences, les contrats, les noms, les montages ». *Faute de pouvoir rationaliser l'ensemble de la société selon les théories de Karl Marx, de Jacques Attali et de Régis Debray, le socialisme rationalise les fausses factures.*

Reste à se débrouiller pour que ces avantageux cahiers à spirale tombent entre les mains de la presse et de la Justice. Tout est étalé, remonte à la tête du Parti et fournit ces biens si recherchés par les bons victoricides : inculpation pour corruption, faux en écriture de commerce et usage de faux, complicité et recel d'abus de biens sociaux.

Cette douche est d'autant plus délicieuse que l'hymne du PS proclamait, sur une musique de M. Theodorakis et les paroles d'un certain M. Pagani : « Libérer nos vies des chaînes de l'argent... »

d) *Que la désignation de la société de financement soit clairement identifiable.* L'organisme en cause doit porter un nom que le moindre citoyen puisse garder en mémoire et répéter. Prenez ce mauvais M. Boucheron, ancien maire socialiste d'Angoulême déjà cité, poursuivi pour diverses malversations. Vous pouvez avancer les sigles de ses équivoques bureaux d'études ? Certainement pas. Comment se souvenir de SCCA ou de SEPC ? Le Parti socialiste, dans sa grande sagesse, a choisi un mot simple, qui claque, pour son bureau d'études problématique : *Urba.* Urba, cela vous reste dans la tête, vous ne pouvez l'oublier, même si, dans certaines opérations, la société se nommait Urba-Gracco. D'accord, vous risquez la faute d'orthographe, Graco avec un seul c, Graccho, ou Gracquo comme les Gracques, ces hommes si honnêtes de la gauche romaine au IIe siècle avant notre ère.

Le Parti communiste, poursuivi pour un réseau de financement occulte, avait nommé sa société Sicopar : c'est évidemment le nom d'un méchant dans une bande dessinée des années 50. Il a fait mieux : le second réseau s'appelait BLÉ, c'est-à-dire argent comme on sait. Il est toujours bon d'avouer préventivement et de mettre les enquêteurs sur la piste.

e) *Que l'ancien responsable des finances du Parti socialiste soit ensuite porté aux premiers rangs.* Il va de soi que l'ensemble de ces affaires remonte jusqu'au trésorier du Parti socialiste, à l'époque le sourcilleux M. Emmanuelli. Le PS, avec intelligence, porte le Sourcilleux à la présidence de l'Assemblée nationale, puis au poste de premier secrétaire. Le Sourcilleux lui-même songe un instant se présenter à l'élection présidentielle de 1995. L'action de la Justice prend tout son retentissement, puisqu'un homme d'Etat de première importance se retrouve, en septembre 1992, inculpé de « recel et complicité de trafic d'influence ».

Tribunaux, superbes séances, condamnation, appel, vaines protestations, solidarités gênées, cette histoire se poursuit pendant cinq ans. En décembre 1997, M. Emmanuelli est définitivement condamné à deux ans de privation de ses droits civiques, donc à quatre ans d'inéligibilité, donc à la déchéance de ses mandats de député et de conseiller général des Landes. Il démissionne préventivement.

Personne ne peut mettre en cause l'intégrité personnelle de M. Emmanuelli, à cette réserve près que sans Urba et son système de financement, il n'aurait probablement pas joui – en tant que président de l'Assemblée nationale – du plus agréable hôtel particulier de Paris, l'hôtel de Lassay. C'est pourquoi, répétons-le, M. Emmanuelli a pratiqué ce que l'on nommera désormais la malversation vertueuse.

On remarquera cependant la maladresse de M. Jospin, qui n'a pas su tirer l'entier bénéfice victoricide des circonstances, car il était tout de même premier secrétaire du Parti socialiste à l'époque des faits.

DU SCANDALE

V. *La méthode de droite*

En matière de corruption et de détournement de fonds, la méthode de gauche est collectiviste, centralisée et honnête. La méthode de droite – plus efficace peut-être – se définira par l'inverse : individuelle, décentralisée et parfois peu honnête.

Pour contrebattre les mésaventures du Parti socialiste et de M. Mitterrand, la droite a su faire éclater à partir de 1993-94 une série d'affaires stupéfiantes.

Nous avons eu, dans l'ordre ou le désordre, – car tout cela se chevauche selon les bonnes règles de la défaite :

a) *La disparition d'un homme sympathique et que l'on voyait bien en jeune candidat à la présidence de la République, M. Michel Noir.* Celui-ci, maire de Lyon, sut mélanger problèmes politiques et personnels, querelle de fille et de gendre, laboratoires pharmaceutiques, de merveilleuses histoires de bibliothèques hors de prix, des commandes de costumes pour 124 000 francs, des déjeuners de sept cents couverts pour 111 200 francs (M. Balladur y assistait) et la mise en cause du présentateur de télévision le plus célèbre, M. Patrick Poivre d'Arvor.

b) *La mise en cause d'un autre homme sympathique et que l'on voyait bien en jeune candidat à la présidence de la République, M. François Léotard.* Celui-ci, maire de Fréjus, s'était fait construire *gratis* un mur au long de sa propriété, un beau mur, charmantes pierres d'autant plus inutiles que M. Léotard n'habite plus la maison. Prescription et non-lieu, cela n'a pas d'importance, puisque l'opération permet toujours de rire de l'ancien ministre dès qu'il s'approche du moindre moellon. L'important dans le scandale, ce n'est pas la condamnation ou l'absolution judiciaire, mais son effet symbolique.

Certains diront même que le sujet du scandale importe peu, et que tout est dans la manière de le traiter. Ils n'ont pas entièrement tort. Il y eut en effet dans notre histoire des scandales qui ne reposaient sur *rien*, et qui cependant, par le seul talent des acteurs, ont connu d'amples développements. C'est le cas de l'affaire dite « de la feuille d'impôts » de M. Chaban-Delmas.

M. Chaban-Delmas, à l'époque Premier ministre, ne payait pas d'impôts sur le revenu. Situation parfaitement normale puisqu'il s'en était acquitté auparavant par le biais des sociétés dont il possédait des actions, et que le droit refuse que l'on soit imposé deux fois de suite sur la même somme : c'est le principe de l'avoir fiscal. En outre, les indemnités que M. Chaban-Delmas avaient perçues les années précédentes comme président de l'Assemblée nationale, et dont il vivait, n'étaient pas imposables.

Mais ce zéro en bas de la feuille d'impôt d'un Premier ministre, ce zéro habilement présenté dans les journaux, souligné d'un trait rageur, ce zéro montré à la télévision aux meilleures heures d'écoute, était un zéro terrible : il apparut comme une injure à la face du peuple laborieux et permit à M. Chaban-Delmas d'abandonner ses fonctions à l'hôtel Matignon dans un parfum de réprobation universelle.

Reconnaissons toutefois qu'il faut une sacrée confiance en soi pour mener son affaire en partant d'un délit imaginaire, et qu'un scandale fondé sur le néant peut s'effondrer à chaque instant, puisqu'il reste à la merci d'un article de journal qui, par malveillance, rétablirait la vérité.

c) *L'obligation pour certains ministres de démissionner du gouvernement de M. Balladur.* C'est avec courage que M. Carignon, maire de Grenoble et ministre de la Communication, a décidé de trébucher sur l'affaire du *Dauphiné News*, un journal électoral gratuit et financé de curieuse façon. La situation était donc excellente : les électeurs sont toujours agacés de trouver leur boîte aux lettres pleine de ces maudits prospectus municipaux ; ils ont le sentiment que l'on a gaspillé leur argent pour payer tout cela (ce qui en l'occurrence était faux, puisque la Lyonnaise des eaux avait payé, mais la suspicion l'emporte toujours sur la réalité).

Poursuivi pour corruption, M. Carignon a dû démissionner du gouvernement et s'est retrouvé en prison. On remarquera que c'était la première fois que l'on arrêtait un ministre pour malversation depuis M. Teste en 1847, sous Louis-Philippe. On sait que l'année suivante Louis-Philippe a perdu le pouvoir. L'année suivant l'incarcération de M. Carignon, M. Balladur l'a perdu aussi.

Sur le sujet, M. Balladur a révélé des dons au-dessus de tout éloge, puisque après la démission de M. Carignon nous avons eu celles de MM. Longuet et Roussin, mis en cause dans des affaires de villa et de HLM, toujours des maisons et des privilèges. Sauf erreur, trois départs forcés du gouvernement, c'est une première dans l'histoire victo-ricide de la République.

d) *L'utilisation de méthodes moins originales, c'est-à-dire une imitation des systèmes de financement du PS et du PC.* Le Parti républicain et le CDS [1] ont su se faire poursuivre pour financement occulte. Dans la première affaire, on retrouve M. Longuet. Dans la deuxième, malgré la découverte d'une caisse noire en Suisse, il s'agit d'une précaution inutile. Ce n'est qu'en juin 1997 que trois dirigeants centristes sont mis en examen, MM. Méhaignerie, Bosson et Barrot, trois bons chrétiens. Trop tard : la dissolution avait déjà eu lieu et livré le pouvoir à la gauche.

1. Deuxième contrôle : comment se nomment le CDS et le Parti républicain aujourd'hui ? En cas d'ignorance, retournez de nouveau au chapitre III du titre « De la popularité ».

DU SCANDALE

VI. *La méthode Tapie*

Cette méthode est si efficace, si exceptionnelle, si invraisemblable qu'elle peut dépasser ses propres objectifs. Elle conduit sûrement à la défaite, elle aide vos amis politiques à perdre une élection, elle déshonore de hauts personnages de l'Etat qui prennent votre défense aux pires moments : tout cela est vrai. Mais en fin de course elle vous précipite vous-même en prison, elle vous ruine, vous n'êtes plus un opposant heureux mais un misérable martyr. Cela vous procure en revanche une extravagante notoriété et vous permet éventuellement de tourner dans le film d'un réalisateur célèbre.

Nous ne saurions conseiller d'appliquer toutes les ruses de M. Tapie, mais nous recommandons quelques manœuvres, qu'on doit mettre en œuvre avec plus de modération que M. Tapie lui-même.

Dans un premier temps, il faut monter très haut afin de préparer une chute qui vous rendra plus célèbre que votre succès. Pour cela :

a) *Se construire une notoriété hors de la politique*. Afin de bien vendre un mauvais livre, il vaut mieux être comédien, chanteuse ou chef des services secrets ; pour bien entrer en politique, il est préférable de venir d'ailleurs. Bernard Tapie, banal chanteur de quarante-cinq tours sous le nom américanisé de Tapy, nous arrive des milieux d'affaires. Repreneur d'entreprises, il ramasse le moins cher possible une société en faillite, s'empare de sa trésorerie, de ses actifs immobiliers, licencie, revend plus cher et vit sur les fastes crédits d'une banque complice. Grâce à cette « martingale », comme le dit *Le Monde*, Bernard Tapie a acheté et souvent revendu de l'industrie papetière, du négoce par correspondance, de la diététique, des balances, du sport, du luxe, des piles, et licencié des centaines d'employés qui lui ont fait confiance et qui le détesteront jusqu'à leur mort. Nulle stratégie industrielle mais une grosse réputation.

b) *Mélanger le show-biz, le sport, les affaires et la politique.* Il est essentiel de tout confondre, ce que n'oseraient jamais faire un conseiller général ou un énarque. Lancer une émission vedette sur TF1, écraser dès le premier soir un Michel Drucker ou un Guillaume Durand, remplacer l'expérience par le culot, s'exhiber au volant de sa Porsche, aux commandes de son jet, à bicyclette, en salle de gym, se montrer sans cesse jeune, riche et moderne, et que dix mille étudiants pauvres vous applaudissent. Acheter l'OM pour acheter Marseille, et se faire élire.

c) *Commettre une erreur mais savoir en profiter.* En 1991, M. Tapie se retrouve par imprudence ministre de la Ville dans le gouvernement de Mme Cresson. A lui les terrains vagues, les cités menaçantes, cette banlieue qu'il avait su quitter pour un vaste hôtel particulier de la rue des Saints-Pères. Il saisit aussitôt le péril, jette quelques idées sur le long terme et mène une manœuvre financière désastreuse avec un vieil et obscur complice du RPR : il doit quitter le gouvernement. Sauvé : ses plans sur les banlieues, inappliqués, ne seront pas confrontés à l'épreuve des faits. Cédant à l'amicale pression de ce bon M. Bérégovoy, il doit à son corps défendant refaire un petit tour dans son ministère, heureusement à la veille de la plus grande défaite qu'ait connu la gauche sous la République. Nous sommes en mars 1993.

d) *Construire un roman policier captivant.* Comment tenir la France en haleine avec une histoire inspirée de la Série noire, voire de la Série blême :

— Bien choisir la période, l'été (1993), une époque où la télévision n'a rien à dire ;

— Faire semblant d'avoir acheté un joueur dans un match qu'on était sûr de gagner (OM contre Valenciennes) ;

— S'assurer qu'on découvre l'argent de la corruption présumée (245 000 F en coupures usagées) dans une boîte enterrée au fond d'un jardin (il manque 5 000 F) ;

— Faire en sorte que la femme du corrompu présumé avoue et lance l'affaire ;

— Trouver un procureur, M. de Montgolfier, qui soit d'accord pour donner de l'ampleur à cette histoire stupide et la médiatiser de concert avec vous ;

— Provoquer ainsi des détentions provisoires pour les amis proches, des mises en examen, des perquisitions dans vos bureaux et, si possible, à votre domicile ; ménager chaque jour des rebondissements, mouiller tout le football ;

— S'arranger pour que les personnages secondaires aient des noms qui claquent à la Fantômas ou à la Arsène Lupin : Boro Primorac, Jorge Burruchaga, Eric de Montgolfier...

— Crier au complot ; monter des dialogues imités de Michel Audiard, mais un peu forcés, du genre : « Ce n'est pas du droit, ça, c'est digne de l'Inquisition, de la Gestapo » ; comparer sans hésiter la situation à celle des juifs pendant la guerre, et devoir s'excuser plus tard ;

— Susciter des procès dans le procès, des plaintes en diffamation déposées contre vous par les magistrats, le garde des Sceaux, la police, des associations ;

— Présenter pour alibi le témoignage rocambolesque d'un ancien ministre imprudent[1] ;

— Se faire lever son immunité parlementaire, ce qui reste très difficile à obtenir, surtout lorsqu'on bénéficie de l'amitié peu discrète de M. Jack Lang.

e) *Insulter les journalistes.* Quand M. Guillaume Durand l'interroge sur l'affaire de l'OM, notre héros réplique : « Et moi, qu'est-ce qui me dit qu'avant l'émission vous n'avez pas mis le nez dans la farine ? » (Farine = coke, en jargon du Vieux-Port.) Excepté ces reparties cinglantes, M. Tapie n'hésite pas à intenter quarante-deux procès aux médias.

1. Cf. notre chapitre « Comment se faire prendre en flagrant délit de mensonge ».

f) *Pratiquer avec persévérance les deux modèles du mensonge en politique* :

— La contrevérité déclarée. M. Tapie proclame à TF1, le 1er décembre 1990, à propos du financement occulte des partis politiques : « Je n'ai pas voté la loi d'amnistie. » Il l'a votée. On l'a oublié. Il ne se fait pas moucher. Dans le *Whos's who* de 1993-94, il affirme : « Je suis ingénieur électronicien. » D'après les biographes, il n'aurait que son certificat d'études primaires.

A Mme Claire Chazal, le 21 mai 1994, il lance : « Il y a des enjeux importants, ce sont des entreprises avec les gens qui y travaillent, et je dois me battre pour sauver ça. » On lui attribue à l'époque 4 000 suppressions d'emplois.

— L'affirmation, qui sera démentie plus tard par les faits. Exemples ? « Adidas est l'affaire de ma vie (...). Même dans cent ans je ne vendrai pas », dit-il en juillet 1990, alors qu'il revend la firme au Crédit Lyonnais deux ans après.

g) *Se faire poursuivre à la veille d'élections.* En mai et juin 1994, M. Tapie est menacé de mise en examen à la demande du fisc et du Crédit Lyonnais. Un mystérieux camion rouge évacue des meubles de la rue des Saints-Pères. Les enquêteurs en perdent la trace. Les autres meubles sont saisis. Certains sont authentiques, et la commode Louis XV vaut le prix d'un car de ramassage scolaire. M. Tapie insulte les policiers. En pleine campagne électorale européenne de 1994, cela lui vaut le journal télévisé tous les jours à 13 heures et à 20 heures. Contre l'actualité, la loi et le CSA ne peuvent rien. Le temps de présence à l'écran de M. Tapie est dix fois supérieur à celui qu'on accorde à M. Rocard, alors chef de file des socialistes. Or la présence à l'image décide du score : avec ses 12 %, M. Tapie ridiculise un PS à 14 %.

h) *Etaler sa richesse, jouer les persécutés.* Un prêt d'un million sans intérêts ou un salaire de 250 000 F par mois, on vous montrera du doigt. Arrangez-vous pour avoir tellement d'argent que personne ne puisse en prendre la mesure, pour posséder un yacht qui vaut le prix d'une école maternelle et pour ne pas payer d'impôts : centaines de millions, milliards, anciens et nouveaux francs, cela devient abstrait, et vous restez le protecteur des démunis, vous vengez les petites gens en commettant les fautes que chacun souhaiterait commettre, vous vous moquez des limitations de vitesse, insultez les flics, bernez le fisc. Vous voilà dans la tradition des grands bandits d'honneur, d'un Mandrin, d'un Robin des Bois.

i) *Utiliser l'humanitaire et enfin se faire prendre.* Dans la brève période où l'on est privé d'immunité parlementaire, entre la France et l'Europe, crier à tout venant, et surtout dans son téléphone écouté, qu'on va s'échapper au Rwanda en plein génocide pour être plus tranquille. Précipiter ainsi une interpellation spectaculaire, à six heures et demie du matin, et refuser de lacer ses chaussures, se battre avec son pantalon, ce qui va vous grandir dans l'opinion. Face à M. Jospin et au sourcilleux M. Emmanuelli, vous êtes un rayon de soleil pour tous les rejetés, les indignés, les déçus, les révoltés, les petits fraudeurs. Dieu sait si toutes ces minorités, ajoutées les unes aux autres, forment une majorité en France.

Ensuite, chaque procès – et il y en a – relance votre personnage. Il reste que l'ensemble se paie par de nombreux mois de prison. Mais vous savez bien que seule cette retentissante défaite vous a apporté la vraie gloire. Qui parle de M. Gaudin, qui fut élu maire de Marseille à la place de M. Tapie ?

Quand M. Gaudin a une photo timbre-poste dans *Paris Match*, il est content. M. Tapie, lui, a eu des pages et des doubles pages, son hôtel plein, son hôtel vide, et cinquante photographes à ses trousses.

Nous n'avons pas de conseil à donner devant un parcours aussi éclatant, mais nous pouvons prévoir : sur la grande scène de la défaite, un jour ou l'autre, M. Tapie reviendra.

EXERCICES

I

Relevez les fautes de frappe et d'orthographe dans cet extrait du rapport de Mme Xavière Tibéri :

« En bref, les pays de l'Europe de l'Est, d'Afrique – notamment avec la création prochaine du grand marché allant du Maroc jusqu'au Moyen orient – et, pourquoi pas aussi l'Amérique latine et l'Asir du Sus-Est peuvent offrir des occasions intéressantes de développement

« Au total, le département de l'Essonne dispose dores et déjà d'une panoplie d'instruments institutionnels... »

Commentez l'originalité de la pensée. Dites pourquoi le département de l'Essonne avait un impératif besoin de commander, de lire, d'archiver, de payer ce texte à 5 500 francs le feuillet.

II

Exercice d'éveil :

Voici qu'un commissaire de police, un huissier et des déménageurs vous réveillent à six heures du matin. Vous vous exclamez :

a) Je suis victime d'un complot médiatique !
b) Cette commode Boulle ne m'appartient pas !
c) Prenez garde à mon pitt-bull !

Corrigé :

Toutes les réponses sont mauvaises. Déclarez : « La loi sur le financement des partis politiques doit être remise en chantier. J'y veillerai personnellement. »

III

Retrouvez cette phrase d'Alain Juppé lorsqu'il a eu des ennuis avec son joli appartement pas cher.

Corrigé :

Le preux - mi hait mi - nid - ce trait droit - dent - C - botte.

Le Premier ministre est droit dans ses bottes.

DES GRANDS VICTORICIDES

DES GRANDS VICTORICIDES

I. *L'acharnement de M. Balladur*

Les pages suivantes sont consacrées aux personnages contemporains qui ont manifesté un goût irrépressible pour la défaite et ont su appliquer d'impeccables stratégies afin d'y parvenir. Comme nous sommes objectifs et équilibrés, nous présentons deux individualités de droite et deux de gauche, plus une institution universelle, le Crédit Lyonnais, aussi utile dans ses désastres à la droite qu'à la gauche. Commençons par M. Balladur.

*

* *

Comment dégringoler dans les sondages quand la France entière vous admire ; comment se faire conspuer, détester quand vous êtes le Premier ministre le plus populaire ? Il faut – disons-le une fois de plus – beaucoup de talent pour savoir perdre. M. Balladur à Matignon, c'était fort bien vu et ce fut raté. Il avait tout pour être impopulaire : une tête sinistre, un vocabulaire compassé, un genre aristocrate fin de siècle bien propre à exaspérer notre peuple républicain, des costumes impossibles, des chaussettes de cardinal, jusqu'à un nom qui prêtait à la plaisanterie.

Rien de tout cela n'a marché. En 1993, M. Balladur s'est imposé à notre grande surprise, et à la sienne, comme le Premier ministre le plus adulé de ces derniers septennats, à tel point qu'une opinion inconsciente voulait le porter à la présidence de la République.

Il était urgent de réagir. Dès les premiers mois de son gouvernement, M. Balladur s'y est employé. Considérons les étapes de ce combat acharné.

a) *Prouver que l'on a ni constance ni principes.* M. Balladur, comme toute la droite, s'était indigné devant la Contribution sociale généralisée, cette CSG inventée par M. Rocard, qui frappait directement tous les revenus des Français. Dans l'opposition, il avait voté contre. Aussitôt au gouvernement, il reprend cet impôt, le multiplie, le porte de 1 % à 2,4 %, s'en vante.

Echec : la popularité de M. Balladur ne baisse pas.

b) *S'attaquer directement aux passions des Français.* M. Balladur augmente de 16 % les taxes sur l'alcool. Les Français payent, s'en fichent et boivent tout autant.

Balladur accable les futurs retraités : le montant des annuités sera calculé sur les vingt-cinq meilleures années, contre dix auparavant. Personne n'a vingt-cinq meilleures années, car à notre époque les bonnes années se font rares. Pour des millions de salariés, cela signifie qu'à soixante-cinq ans la vie ne sera pas drôle. Ces millions de salariés boivent un coup pour oublier, avec 16 % de taxes supplémentaires, et s'en remettent.

Echec : la popularité de M. Balladur ne baisse pas.

c) *Ne pas faire ce que l'on dit, dire ce que l'on fait.* C'est une version nouvelle de la théorie que nous avons exposée plus haut, et qui mêle les principes du mensonge à ceux de l'endettement public. Résumons en priant le lecteur de revenir aux chapitres précédents. Arrivant au pouvoir, M. Balladur proclame qu'il va réduire les déficits publics. Moins de deux mois plus tard, il lance un emprunt d'Etat de 40 milliards de francs.

L'emprunt est malheureusement un succès : 110 milliards de francs. Les déficits publics augmentent d'autant. Personne n'en tient rigueur à M. Balladur ; personne ne comprend qu'il s'est violemment renié et que l'Etat version Balladur est beaucoup plus lourdement endetté que sous les socialistes.

Nouvel échec : l'écrasante popularité de M. Balladur se maintient.

d) *Brader le patrimoine national.* A priori, rien de plus victoricide qu'une nationalisation ou une dénationalisation. En 1982, les socialistes avait ruiné leur crédit en nationalisant à 100 % des entreprises pour la plupart en mauvais état. Avec leur génie stratégique, ils étaient parvenus à faire croire que les petits porteurs seraient mal dédommagés, que les gros porteurs s'en mettraient plein les poches et que tout cela coûterait une fortune aux contribuables.

La dénationalisation version Balladur relève d'un principe inverse, donc similaire :

— on doit vendre en priorité des entreprises en pleine

santé, la BNP banque nationale, Rhône Poulenc la chimie, afin de donner l'impression qu'on favorise le grand capital et qu'on brade le patrimoine de la République ;

— on doit mettre en vente les titres à des prix inférieurs à leur valeur, pour choquer la majorité des citoyens qui ne peuvent souscrire et favoriser ainsi les spéculateurs qui se débarrasseront aussitôt de leurs actions avec 20 ou 30 % de bénéfice, enrichissement à l'évidence immoral ;

— on doit financer le déficit de la nation par les dénationalisations, c'est-à-dire avouer que l'on vend l'argenterie pour payer les frasques du gouvernement.

Encore un échec : la popularité de M. Balladur ne baisse toujours pas.

e) *Ne pas tenir ses promesses, promettre ce qu'on ne veut pas tenir.* Le 23 juin 1993, lors d'une *Marche du siècle* consacrée à la drogue, M. Pasqua, alors ministre de l'Intérieur, annonce un grand débat sur la dépénalisation du haschisch. Evidemment ce grand débat n'aura pas lieu. Avantages victoricides :

— la majorité des Français, hostile à la dépénalisation, est choquée par cette proposition d'un M. Pasqua que l'on appréciait pour ses attitudes sécuritaires ;

— les progressistes peuvent crier que le gouvernement ne tient pas ses promesses ;

— Mme Simone Veil et M. Douste-Blazy, responsables du ministère de la Santé, sont pris à revers. Ils s'opposent donc à M. Pasqua. Avantage immédiat : les Français ne comprennent plus rien puisque le réactionnaire M. Pasqua se dit libéral et que les libéraux Veil et

Douste deviennent réactionnaires. Il est toujours utile de brouiller l'esprit de ses concitoyens.

C'est à désespérer : M. Balladur a démontré qu'il ne contrôle pas son gouvernement, et sa popularité reste intacte.

f) *Reculer de toute urgence devant un conflit social.* L'aviation, voilà le grand symbole de la société moderne. Il est donc essentiel de démontrer que les avions ne marchent pas chez nous.

Par bonheur, Air France était dirigé par un M. Bernard Attali, frère jumeau du Jacques Attali mitterrandien qui s'était illustré par des dépenses excessives à la BERD de Londres et déconsidéré en pompant dans son livre des passages entiers d'un prix Nobel.

Ce M. Bernard Attali avait préparé un plan de rigueur. M. Bosson, ministre des Transports de M. Balladur, reprend ce plan à son compte. Le résultat est épatant : en octobre 1993, trois mille grévistes. Les étrangers bloqués à Roissy, Orly. Le monde entier horrifié par l'effondrement des transports aériens français, par les nuits passées dans des aéroports dégoûtants, l'idée que les Gaulois sont incapables de surmonter une grève et de tenir un horaire.

Bien entendu, sur les conseils de M. Balladur, M. Bosson applique terme par terme les grandes théories victoricides :

— Je ne céderai jamais ;
— Je céderai peut-être ;
— Je cède immédiatement ;
— Je n'ai jamais changé d'avis.

M. Bernard Attali est éjecté. On le remplace par un

rocardien, M. Christian Blanc, pour démontrer qu'un gouvernement de droite est incapable de trouver chez ses familiers un homme capable de gérer une société en crise et gravement déficitaire[1].

g) *Arracher les racines de ses concitoyens.* La droite avait fait campagne contre la politique agricole commune, acceptée par les gouvernements socialistes. Il était donc indispensable :

— Que la droite et M. Balladur se posent en meilleurs défenseurs des paysans français menacés ;

— Qu'ils avalisent la politique contre laquelle ils avaient voté un an plus tôt ;

— Qu'ils proclament : « Nous ne capitulerons jamais devant les exigences américaines ! » ;

— Que M. Balladur s'empresse de capituler, c'est-à-dire de se renier ;

— Que les paysans furieux se sentent abandonnés par M. Balladur.

Manque de chance : la popularité de M. Balladur ne bouge pas.

h) *Porter la main sur l'école laïque.* C'était un recours, comme nous l'avons indiqué dans « *De l'isolement, IV,* Pourquoi s'en prendre à l'Education nationale ». M. Balladur tente d'abroger la loi Falloux, jette des centaines de milliers de personnes dans la rue, capitule et retire son projet de loi.

1. Nous remarquerons que pour des raisons inverses, donc similaires, un gouvernement de gauche, celui de M. Jospin, a conduit M. Christian Blanc à la démission.

Bravo ! La popularité de M. Balladur commence à baisser.

i) *Transformer l'Etat en ferrailleur.* Depuis Charlemagne, l'Etat conserve une certaine dignité. Par principe, il ne s'occupe guère des déchets, des épaves et des saletés. Ce M. Balladur, si propre en apparence, a voulu que l'Etat rachète pour 5 000 francs toutes les vieilles bagnoles. Le gouvernement prenait un aspect de décharge publique, sous le beau nom de *balladurette*.

L'opération fut un succès commercial, M. Juppé lui-même la renouvela sous le nom de *juppette* [1]. La popularité de MM. Balladur et Juppé en fut un peu ternie. C'est M. Jospin qui en tirera l'avantage quand, en 1997, les ventes de voitures neuves s'effondreront.

j) *Se mettre à dos des gens sympathiques.* Il manquait à M. Balladur un grand mouvement social qui lui soit carrément hostile. Les mineurs ? Il n'en restait plus guère. Les paysans ? C'était déjà fait. Les commerçants ? Non. Les pêcheurs ! Ils ont une bonne réputation dans le pays, marins aux yeux clairs, Bretons courageux, toute une imagerie : le bateau pris dans la tempête, les garçons qui risquent leur vie pour pêcher des merlans, les veuves en noir au sommet de la falaise.

Par une manœuvre rusée, M. Balladur va jeter ces braves gens dans la révolte, en jouant sur les prix et les négociations européennes. On fabrique des scènes

1. A ne pas confondre avec les jeunes femmes pareillement baptisées et écartées du gouvernement.

odieuses pour la télévision : des flics cognent à coups de crosse un marin à terre et la France entière s'indigne.

Bien vu : la popularité de M. Balladur est réellement atteinte.

k) *Faire croire à la jeunesse qu'on lui veut du mal.* M. Balladur développait depuis longtemps de saines idées sur l'apprentissage et sur l'emploi. Grâce à M. Giraud, obscur ministre du Travail, il a réussi à faire croire aux jeunes diplômés qu'ils ne toucheraient que 80 % du Smic si, par hasard, ils trouvaient un emploi. Les décrets ne disaient pas cela, mais il reste nécessaire pour tout candidat à la défaite de mener une politique incompréhensible, et par là menaçante. La CGT invente le terme infamant de *Smic-jeune.* Tous les jeunes pensent qu'ils vont être payés au rabais. Certains conçoivent même qu'on va leur ôter 80 % de leur salaire. Les parents qui se sacrifient pour les études de leurs mouflets se sentent volés. Les syndicats s'en mêlent.

Parfait, pour la première fois la cote de confiance de M. Balladur est négative. Mais attention, l'élection présidentielle de 1995 approche, et M. Balladur est toujours devant M. Chirac.

l) *Utiliser les dons éminents de M. Pasqua.* Celui-ci, alors ministre de l'Intérieur, monte une manœuvre d'écoutes téléphoniques faussement secrète, s'en prend adroitement à la Justice et à la presse, mouille son Premier ministre, qui nie un soir pour tout avouer le lendemain. Et M. Balladur abandonne quelques points dans l'aventure. Les grands victoricides s'entraident et marchent par couple. En 1981 M. Giscard d'Estaing fut puissamment aidé par M. Raymond Barre. Plus récemment, MM. Chirac et Juppé se sont entrenui avec beaucoup de soin.

m) *Ne pas faire campagne tout en passant trop souvent à la télé.* La formule plagie le comportement du général de Gaulle en 1965. Elle suppose un sacré courage : simuler le mépris à l'égard des électeurs, retarder l'annonce d'une candidature évidente pour exaspérer l'opinion, se présenter comme si tout était acquis d'avance. En trois mois, cette démarche avait conduit le Général de 66 % dans les sondages à 43,7 % dans les urnes du premier tour. Une loi quasi mathématique : dans un temps comparable, M. Balladur passe de 32 à 18,5 % dans les sondages.

Dès lors M. Balladur ne cessera de descendre devant M. Chirac, que les commentateurs donnaient encore battu au début 1995. Il ne parviendra même pas – ce qui est dommage – à se retrouver face au même M. Chirac lors du deuxième tour de l'élection présidentielle, ce qui aurait pu accabler la droite et la gauche pour de longues années.

Cependant quelle bataille ! M. Balladur, président de la République pré-élu, est parvenu à céder la place.

DES GRANDS VICTORICIDES

II. *Les succès de M. Pasqua*

En matière de défaite, M. Pasqua est un champion. Récapitulatif : il méditait d'être président du Sénat, et il a cédé le fauteuil à M. René Monory ; lors du référendum sur le traité de Maastricht, il s'est fait doubler par M. Philippe Séguin, le vrai héros du « non » ; au RPR, il a habilement abandonné la place à Alain Juppé, personnage pourtant invraisemblable à la tête d'un grand parti populaire, puis à M. Séguin en 1997 ; à l'extrême droite, il a vivement contribué à lancer M. Philippe de Villiers. En 1998 il perd avec fracas les élections régionales dans les Hauts-de-Seine.

M. Pasqua se révèle très fort pour voler la défaite des autres. Souvenez-vous de l'affaire Carrefour du développement : prébendes, détournements, un ancien ministre socialiste dans la panade, son collaborateur en fuite. Que fait M. Pasqua ? Il invente un *vrai-faux passeport* pour un complice de la gauche et lui permet ainsi de fuir à l'étranger. Du coup :

a) Il paraît associé aux malversations des socialistes.

b) Il est pris en flagrant délit de manipulation, tripotage, coup tordu.

c) A la fin, il s'attribue carrément le premier rôle. Sincèrement, tout le monde a oublié M. Nucci, M. Chalier, mais tout le monde cite encore le *vrai-faux,* concept imaginé par M. Pasqua et qui servira longtemps.

M. Pasqua a cet avantage, et cette lucidité, de dégringoler lui-même en entraînant ses complices et ses maîtres. Il a puissamment contribué à la défaite de M. Chirac lors des élections présidentielles de 1981 et de 1988, c'est-à-dire, par la même occasion, à porter des coups terribles à MM. Giscard et Barre.

En 1995, M. Pasqua a estimé que M. Chirac avait désormais assez d'expérience pour perdre seul : il s'est trompé, mais reconnaissons que l'apparence était pour lui et que la dissolution de 1997 lui a donné raison avec deux ans de retard. Voilà pourquoi il s'est rallié à M. Balladur, ce néophyte.

La stratégie fut menée de longue main et avec ce sens poussé du saugrenu qui demeure indispensable à la politique française. M. Pasqua a donc inventé le système des primaires. Il s'agissait – remettez-vous l'exercice en mémoire – de faire désigner un candidat unique de la droite par le vote des sympathisants. M. Pasqua y a cru jusqu'au bout, jusqu'à parier une caisse de champagne avec un journaliste en direct à la télévision. Cette persévérance présentait de forts avantages pour la défaite.

a) *Il était incompréhensible* : qui allait voter dans ces primaires, et où ? Dans les réunions du RPR, dans les comités de l'UDF, dans les mairies, dans les écoles ? Personne n'en savait rien.

b) *Il était malhonnête* : déjà les dirigeants de la gauche menaçaient d'envoyer sournoisement leurs troupes pour voter M. Chirac contre M. Balladur.

c) *Il était révélateur* : l'UDF et le RPR, MM. Giscard d'Estaing et Chirac, en avaient solennellement accepté le principe, et voilà qu'aucun d'eux ne respectait sa signature.

d) *Il présentait l'avantage d'aiguiser les rivalités entre les différents chefs de la droite.* Grande règle de la défaite : on ne tombe jamais à cause de ses adversaires, mais de ses amis.

e) *Le système des primaires avait enfin l'ultime privilège de ridiculiser son auteur* : le Parti socialiste l'a copié et a ainsi désigné en moins d'un mois M. Jospin, candidat incontesté. C'était démontrer que la droite au pouvoir restait incapable de réaliser ce qu'une gauche accablée par ses échecs de 1993 et de 1994 nous fabriquait en un tournemain.

M. Pasqua a prouvé qu'en abandonnant M. Chirac pour M. Balladur il n'avait aucun sens gaulliste de la fidélité. Il est aujourd'hui heureux, plus grognon qu'il a toujours souhaité l'être, et rêve sur l'Europe, sur l'euro, de défaites qu'il n'était pas capable d'imaginer à l'époque où il était au pouvoir.

DES GRANDS VICTORICIDES

III. *Les précautions de M. Rocard*

M. Michel Rocard était un exemple perpétuel : toujours opposant, toujours moral, toujours jeune. Il avait commencé à la SFIO de Guy Mollet, cet ancêtre du Parti socialiste, dans une petite minorité étudiante. Il a continué comme dirigeant du PSU, presque gauchiste, dans ce parti de l'éternelle protestation qui n'avait aucune chance d'approcher le pouvoir. Il a construit sa renommée à l'élection présidentielle de 1969 : col roulé, une élocution précipitée mais différente, 3,61 % des voix et une gloire à rendre M. Mitterrand jaloux.

Eternel opposant, bien vite en tête des sondages, il entre au Parti socialiste minoritaire dans la minorité. Il est désormais chéri de la gauche, chéri de la France. Moderne contre les archaïsmes, intelligent contre les doctrinaires, économiste contre les farfelus du socialisme intégral, séduisant, rassurant, naturellement promis au plus haut destin. Cas unique : après 1981, ministre du Plan puis de l'Agriculture, il parvient à donner l'impression qu'il n'est pas au pouvoir. Les socialistes baissent par paliers, sa cote progresse. Quel talent !

Comment dans ces conditions éviter de devenir président de la République ? M. Rocard a su en trouver les moyens.

a) *Toujours s'effacer devant M. Mitterrand.* 1978, contre toute attente la gauche a été battue aux législatives par les troupes dépareillées de MM. Giscard d'Estaing et Chirac. Les socialistes bafouillent, se cachent, refusent leur défaite honteuse, mais voici M. Rocard en pleine forme qui se précipite devant les caméras avec une sincérité qui souligne son courage : « La gauche vient de manquer un nouveau rendez-vous avec l'Histoire, le huitième depuis le début de la Ve République... »

M. Rocard n'apparaît pas comme un politique classique, il entraîne une gauche moderniste et réaliste. Le 19 octobre 1980, peu avant la présidentielle, M. Rocard lance l'appel de Conflans-Sainte-Honorine : « J'ai décidé de proposer aux socialistes d'être leur candidat. » Il a la grande sagesse d'apparaître sinistre. Les socialistes ne veulent pas de lui. M. Mitterrand a repris son parti en main, évince le présomptueux, qui se retire. M. Mitterrand se présente et se fait élire par surprise en 1981.

M. Rocard relance sa candidature en 1985, 1986, 1987 : « Cette fois, dit-il, je ne me retirerai pas. » Avec prévoyance, il se retire tout de même devant M. Mitterrand, qui est de nouveau élu.

b) *Prendre le pouvoir pour mieux se dévaluer.* M. Rocard est nommé Premier ministre en 1988, il restera trois ans à l'hôtel Matignon. Il a tout oublié de sa vieille culture d'opposant. Quelle erreur !

Le voici en charge de l'emploi, des impôts, de la Sécu, du commerce extérieur, des salaires, des syndicats, des banlieues, de la magistrature en grève, des assassinats en Corse, de la Nouvelle-Calédonie, du chômage, des infirmières fâchées...

Au pouvoir, certes, mais pour tuer son propre pouvoir : quand un personnage mythique ne fait rien de mythique, quand on gère les difficultés de la France sans faire mousser ses réussites, quand on s'implique dans l'action à long terme sans en tirer les bénéfices, on finit par s'user.

Si en bout de course on est jeté à la porte par le président Mitterrand, surtout ne pas réagir. Pas de déclaration tapageuse comme l'avait fait M. Chirac viré par M. Giscard d'Estaing, ou bien auparavant Pierre Mendès France renversé par l'Assemblée nationale, non, juste un baiser, ce baiser sur la joue rebondie de Mme Edith Cresson, qui prend sa place à l'hôtel Matignon.

c) *Trouver des formules malheureuses.* Il est déterminant de parler vrai, c'est-à-dire trop vite, sans retenue, confusément, en prophétisant et en développant des analogies laborieuses.

— La comparaison spatiale. En juillet 1993 M. Rocard renforce son autorité sur le Parti socialiste et il déclare : « C'est une fusée à deux étages. » Le premier étage de cette fusée, explique *Le Monde*, « c'est le rassemblement des socialistes, en bon état de conservation après une défaite électorale qui aurait pu libérer tous les ferments de décomposition ». Et le second étage, « c'est la désignation d'un candidat à l'élection présidentielle ». Or dans la réalité le premier étage des fusées, après avoir permis à l'ensemble de décoller, brûle, se décompose et retombe. Quant au second étage, celui du candidat virtuel, il part dans la Lune.

— La prophétie ratée. Tiens ! le PS remonte un peu aux cantonales de 1992 ? M. Rocard explique : « La gauche a mangé son pain noir. » Bien vu pour le pain blanc : de 24 % le PS tombe à 14 % aux européennes de 1994.

— Le salmigondis verbal. Le 11 mars 1994, M. Rocard écrit dans *Le Monde* : « Une hirondelle n'annonce pas le printemps, mais un vol d'hirondelles peut-être. S'agit-il d'une sorte de mode, qui mondialiserait les tendances politiques au même titre que le jean, les mouvements de capitaux, le rock ou l'information ? Cela s'analyse. »

d) *Susciter des titres accablants dans la presse.* Du *Figaro* à *L'Evénement*, on aime bien M. Rocard, qui vient de perdre les élections européennes avec l'aide de MM. Mitterrand et Tapie. Pour manifester leur affection, les journaux le plaignent à longueur de colonnes, ce qui fabrique une image désolante. Citons les titres de 1994 : « Le chemin de croix de Michel Rocard », « Le calvaire de Michel Rocard », « Les nouveaux malheurs de Michel Rocard », « Le doute Rocard », « La course d'obstacles du candidat "naturel" », « Guerre d'usure », « Charme rompu », « Le risque du complot », « Rocard cherche son style », « Rocard compte sur sa propre résurrection »...

e) *S'emparer d'un parti en mauvais état.* Exaspéré depuis très longtemps par les courants, les contre-courants, les idéologies, le marxisme, le néomarxisme, le molletisme, le mitterrandisme, le néomitterrandisme du Parti socialiste, le 3 avril 1993 M. Rocard réussit un putsch rue de Solférino, met la main sur ce pauvre appareil avec un garçon de confiance, M. Henri Emmanuelli, devient président provisoire, puis premier secrétaire du PS.

Il attise le feu des tendances plutôt que de les étouffer. Il négocie, poids et mesures, pour composer une liste européenne qui plaît à tout le monde sauf aux électeurs. Parler de l'Europe ? Pas vraiment. Parler boutique ? Toujours.

Quel beau virage, quel bel accident ! Dans les années 80, M. Rocard confiait volontiers à ses amis que son avenir passait par la destruction du Parti socialiste, qu'il fallait transformer ce club sectaire en machine électorale. Là au contraire il conforte le parti, négocie avec les jospinistes, évite les fabiusiens, contourne les mitterrandistes, exclut les chevènementistes, traverse les trans-courants, déjeune avec les deloriens et les deloriennes, et se fait virer par son garçon de confiance, M. Emmanuelli, toujours aussi sourcilleux.

Tels des pitt-bulls tenaces, les militants aboient leur hargne contre le malheureux M. Rocard, salué dans toute la presse unanime pour son honnêteté, son intégrité, son intelligence, sa lucidité, sa générosité.

Rocard fut le candidat virtuel de la gauche, puis le candidat naturel, il a été remplacé par un candidat surnaturel, M. Lionel Jospin.

Depuis, M. Rocard coule des jours heureux dans la minorité socialiste de l'Assemblée européenne.

DES GRANDS VICTORICIDES

IV. *La fuite de M. Delors*

Là, il n'y a pas grand-chose à dire : ce sera donc l'un des chapitres les plus brefs de cet ouvrage.

Fin 1994, M. Delors – on ne sait pourquoi – gagne une cote effrayante dans les sondages. On le donne victorieux ou presque contre M. Balladur ou M. Chirac pour l'élection présidentielle de l'année suivante. Le Parti socialiste veut en faire son candidat tout en chantant de furieuses *Internationale* lors de son congrès de Liévin. Toute la gauche et une part des démocrates-chrétiens l'appellent.

M. Delors n'est pas sot. Il devine les périls d'une course triomphale à la présidence. Dans une campagne électorale, on lui aurait reproché ses trois dévaluations des années 80, les nationalisations à 100 % qu'il avait menées contre sa conscience, son autoritarisme, son esprit d'indécision, son planisme, son catholicisme, sa voix mal posée, le bleu de ses costumes, le rose de sa chemise, l'épaisseur démodée de ses lunettes, la présence de ses partisans, l'absence de ses alliés.

Candidat ? Pas candidat ? Le roman dure. La France entière attend la décision de M. Delors. Celui-ci prépare donc une superbe émission de télévision avec Mme Anne Sinclair. Il a la charité de réserver le mot de la fin pour la fin, préservant ainsi l'attention du téléspectateur fasciné par la prestation et contraint de voir la publicité qui entrecoupe le débat. Et voilà : M. Delors refuse d'être candidat.

Tant de discernement épate. Transfiguré en grand opposant virtuel – de la droite et de la gauche – Cincinnatus sublime et sans retour, il est considéré par la presse entière et loué par ses adversaires.

Sa fille, Mme Martine Aubry, n'a pas compris la leçon : ministre des Affaires sociales, elle est empoisonnée par les comités de chômeurs, la loi sur les 35 heures et le drame des banlieues.

DES GRANDS VICTORICIDES

V. *Le Crédit Lyonnais ou la machine à perdre*

C'est une opération de prévoyance. Commencée sous un gouvernement de droite, encouragée par ce bon M. Bérégovoy, elle a magistralement nui aux socialistes, puis à M. Balladur, puis à M. Juppé, puis à M. Jospin. Nous disions qu'il faut savoir calculer à long terme : c'est aujourd'hui à la gauche de payer encore en 1998 les imprudences de la gauche d'avant 1993.

Des financiers ont prétendu que pour rembourser la dette du Crédit Lyonnais, chaque Français devrait se dépouiller de 2 000 francs. La dette : peut-on même la chiffrer ? Certains l'estiment à 50 milliards de francs, d'autres à 100 ou 150 milliards, un optimiste va jusqu'à parler de 240 milliards.

A côté de M. Haberer, ancien Pdg de la banque, M. Tapie son obligé est un chaton aveugle.

*

* *

Imaginez un banquier sérieux. Le pauvre homme ! Une vie d'épicier, de comptable, petits agios gagnés, petits pourcentages perdus, additions et soustractions, jamais de multiplications, encore moins de divisions, à peine de l'arithmétique : un triste commerce.

Non ! la vraie banque, c'est bien autre chose. Songez à ces Lombards qui risquaient des fortunes sur trois navires retour de Chine, la spéculation, la tempête, les pirates. Songez à ces financiers qui lançaient des révolutions sous Louis XVI ou Charles X, aux hommes de Panama et à la banquière des Années folles. Voilà l'intérêt, voilà l'aventure.

Pour cela, il faut savoir dissiper, gâcher, gaspiller, désorienter, s'égarer. C'est à ce prix que l'on devient la plus grande banque du monde occidental. Le Crédit Lyonnais l'a bien compris.

S'il est facile pour un individu de s'endetter et de se faire saisir par les huissiers, il n'en est pas de même pour une banque. Crédit : ne pensez pas que ce soit un vain mot. Vous avez un crédit illimité, surtout s'il est Lyonnais. Comment l'ébranler ? Comment perdre pour nourrir la grande épopée ? Parmi les principales banques françaises, nationalisées, dénationalisées, privées, seul le Crédit Lyonnais a su y parvenir.

Comme toujours, cela se fait en plusieurs étapes.

a) *Jeter l'argent par les fenêtres : « Le pouvoir de dire oui. »* Dans le secteur public, il convient de renflouer les entreprises nationalisées en mauvais état, comme Usinor-Sacilor et l'Aérospatiale. De se faire nommer « le bras financier de Béré » pour être certain d'avoir des ennuis lorsque M. Bérégovoy ne sera plus au pouvoir. De s'assurer la bienveillance des contrôleurs qui relèvent de l'Etat et de la direction du Trésor, afin d'impliquer la République dans les drames à venir.

Dans le secteur privé, il faut savoir choisir. Par exemple Matra-Hachette et le désastre de la 5e chaîne : 500 millions de francs. Tout acheter en se souvenant de votre publicité, ce slogan époustouflant que vous avez répandu dans la France entière : « Le pouvoir de dire oui. » Dire oui, oui, acquérir une charge d'agent de change en mauvais état, de l'informatique à problème, des obligations américaines peu fiables, des milliers de mètres carrés de bureaux surévalués, des petites banques en difficulté.

Si on n'achète pas, on prête : aux Russes insolvables, à des PME délabrées, au Printemps, à M. Maxwell, remarquable escroc qui allait mourir en laissant un trou d'un milliard de francs.

Ne jamais hésiter. L'immobilier est en pleine dégringolade ? Investissez dans l'immobilier douteux : 27 milliards de francs, certains disent 55 milliards. A quelques dizaines de milliards près, cela n'a plus d'importance : cette ignorance même – qui est probablement celle de la direction du Lyonnais – est à elle seule une preuve de grandeur. Que le Pdg voyage et qu'on ne l'ennuie pas. Au téléphone, il débloquera d'un mot des sommes hallucinantes.

Il est essentiel de s'associer avec M. Bernard Tapie (voir plus haut), lui accorder – via une filiale – d'incroyables largesses, pour le renier ensuite et saisir ses meubles avant le fisc.

b) *Etre poursuivi par la Justice suisse.* On doit mépriser les Pdg qui se font incarcérer quelques jours en Belgique. Cela n'est pas sérieux. Alors que la Suisse ! ce franc très lourd, ces banques à secret, cette respectabilité, le puritanisme de Calvin : on a presque l'impression que c'est la Croix-Rouge qui vous en veut. Pour cela, il est nécessaire de s'acoquiner avec des hommes d'affaires italiens déjà compromis et de tomber dans le plus gros scandale immobilier qu'ait connu la Confédération helvétique (20 milliards de francs dans l'affaire Sasea).

c) *Racheter la Metro-Goldwyn-Mayer et jouer au cinéma.* Quelle idée admirable ! Après une embrouille concertée avec les escrocs italiens, voici le Lyonnais propriétaire des studios prestigieux. Qu'importe que les douze cents meilleurs films aient déjà été vendus à M. Ted Turner, qu'importe que la MGM ne représente plus que 2 % du marché américain.

Vous êtes en réalité un banquier de série B et votre enfance vous remonte à la mémoire : le Lyonnais, le lion, c'est bien sûr le lion de la MGM comme vous l'avez tant aimé autrefois avant le générique, ce lion si sympathique quand il penchait la tête et rugissait deux fois, dans la banderole *Ars gratia artis.*

Banquier au cœur sec ? Pas une seconde. Vous restez cet enfant ébloui par le Technicolor. Désormais, vous vous sentez un peu propriétaire du *Magicien d'Oz*, du *Facteur sonne toujours deux fois*, d'*Autant en emporte le vent* et de tant d'autres. Oui, vous possédez la maison où Greta Garbo a ri dans *Ninotchka* de Ernst Lubitsch, où ont tourné King Vidor, Elia Kazan, Fritz Lang, où ont joué Clark Gable et Vivian Leigh, Judy Garland, Gary Cooper, Marilyn, John Wayne, James Stewart...

C'est un peu cher : 20 milliards de francs. Cela en vaut la peine. Un banquier a le droit de rêver en CinémaScope.

d) *Décourager la clientèle ordinaire.* Quoi de plus agaçant que ces petits clients à 6 000 francs de salaire mensuel qui vous poursuivent avec leurs chèques à répétition : 145 francs de restaurant par-ci, 599 francs de chaussures par-là. Il faut qu'ils se sentent ridicules avec leur plan d'épargne logement et leur trou de 1 700 francs. Frappez fort : gros agios et vives pénalisations. En étalant vos pertes par milliards, en avouant les facilités colossales accordées à M. Tapie, vous finirez bien par les décourager.

e) *Faire parler de soi dans la presse et susciter des jalousies.* La banque est un sujet secret, les journaux n'en parlent guère. Seul le Crédit Lyonnais a su obtenir des pages entières dans les quotidiens, de six à huit pages dans les hebdomadaires, et parfois la Une. Admirons les titres : « Déroute financière » ; « Récit d'un désastre » ; « Une folle fuite en avant » ; « Les petits princes de l'immobilier » ; « Les Mozart de la finance » ; « Scandale » ; « Incurie », « Pertes abyssales » ; « C'est pire que prévu ». Un journaliste qui vous veut du bien souligne qu'avec 10 % des pertes et provisions pour créances douteuses du Crédit Lyonnais, on aurait pu nourrir les réfugiés rwandais pendant vingt mois.

Le Crédit Lyonnais a tout perdu, donc il a gagné. Il s'impose toujours comme la première banque du monde occidental. L'Etat s'est précipité et finance encore. L'Union européenne proteste et par ses règlements complique encore cette situation ruineuse. Depuis le désastre de Panama et les grandes faillites de l'entre-deux-guerres, on n'avait pas fait mieux.

EXERCICES

I

Narration :

En vacances, qui préféreriez-vous avoir pour camarade, M. Pasqua ou M. Séguin ? Quelles expressions rendent mieux le caractère grognon, entier, coléreux, sauvage de M. Pasqua ? Le caractère flegmatique, coléreux, sauvage, déroutant de M. Séguin ? Des deux personnages, quel est celui qui fait rire ? Qui des deux, selon vous, se fait une haute idée de l'Etat et de la politique ?

II

Exercice d'éveil :
Lisez attentivement le texte suivant :

« L'état de la France appelle de vrais changements face au conservatisme ambiant, ces changements trouveront leur inspiration dans le peuple. La "base" doit en être le fer de lance. Les élites n'ont pas seules la faculté de les concevoir et de les mettre en œuvre. »

Ce texte est extrait de :

a) *Choses vues*, de Victor Hugo ;
b) *Question de méthode*, de Jean Jaurès ;
c) *Le Fil de l'épée*, du général de Gaulle ;
d) un éditorial de *L'Humanité* ;

e) une déclaration de Michel Rocard ;
f) *Une nouvelle France*, de Jacques Chirac.

Corrigé :
Une nouvelle France, de Jacques Chirac, eh oui !

DES PERVERS

Dans cette course effrénée à la défaite, il arrive que l'on rencontre de mauvais joueurs, des hommes politiques – ou supposés tels – qui ne respectent pas la règle du jeu. Loin de vouloir perdre les élections comme leurs collègues, ils s'efforcent de les gagner. Et s'ils les perdent, ils tentent de se propulser au pouvoir par la force, démonstration de rue ou pronunciamiento. Quand ils tiennent le pouvoir, ils ne tendent pas de toutes leurs forces à s'en éloigner : ils s'y accrochent, et par les pires méthodes.

Au sens médical du terme, ces hommes sont des *pervers*, puisqu'ils recherchent avec acharnement ce qui répugne à tout responsable politique normalement constitué.

Si l'on n'y prend garde, ces maniaques parviennent à leurs fins : il est trop facile de s'imposer quand tous vos concurrents se réfugient dans l'opposition. Hélas, les pervers sont nombreux dans les périodes de crise qui brouillent la morale politique la plus élémentaire. Ils ont pour nom bolcheviks dans la Russie d'octobre 1917, fascistes dans l'Italie des années 20, nazis dans l'Allemagne de 1933. On les retrouve autour du généralissime Franco, des staliniens d'Europe centrale en 1947-48, des colonels grecs vingt ans plus tard, des nationalistes guerriers de l'ancienne Yougoslavie, trop souvent en Amérique latine ou en Afrique.

Dans la France d'aujourd'hui, ils applaudissent M. Jean-Marie Le Pen et ses amis. M. Mitterrand comme certaines fractions de la droite se sont amusés avec ces gens-là, passant des compromis négatifs, négociant pour nuire à d'autres, les poussant à la télévision, échangeant des retraits et des maintiens lors d'élections locales ou nationales. Quelle idée détestable ! MM. Juppé et Jospin, en renonçant à modifier une loi électorale absurde avant les régionales de 1998, ont favorisé M. Mégret et le Front national. La gauche avait gagné les élections : elle les a perdues. La droite les a gagnées contre toute attente avec l'appui de l'extrême droite : démissions ou maintiens, elle s'est divisée et déconsidérée. Nous savons qu'elle a également perdu. Ces bouffonneries ne font pas rire ; la République est en danger. Pareilles manœuvres nous semblent obscènes parce qu'elles introduisent dans le jeu des mauvais joueurs.

Pour s'adonner tranquillement aux plaisirs de la défaite, les démocrates de notre pays doivent commencer par gagner.

REMERCIEMENTS

Jérôme Jaffré, Léon Mercadet, Patrick Rambaud, Cécile Romane, Elsa Rosenberger m'ont conseillé ou corrigé. Qu'ils en soient remerciés, ainsi que la famille de Frédéric Bon, à qui je redis mon affection.

Cet ouvrage a été composé par
Nord Compo (Villeneuve-d'Ascq)
et imprimé sur presse Cameron
par **Bussière Camedan Imprimeries**
à Saint-Amand-Montrond (Cher)
pour le compte de la Librairie Plon

Achevé d'imprimer le 10 avril 1998.

N° d'édition : 12932. — N° d'impression : 982171/1.
Dépôt légal : avril 1998.

Imprimé en France